KB141795

**10대를 위한
헌법 토론**

일러두기

이 책의 개정판은 선거권 연령 하향 조정, 헌법재판소의 낙태죄 헌법불합치 결정, 유해매체 차단수단 제공을
규정한 전기통신사업법에 대한 합헌 결정을 비롯해 여러 가지 제도의 변화에 따른 내용을 반영했습니다.

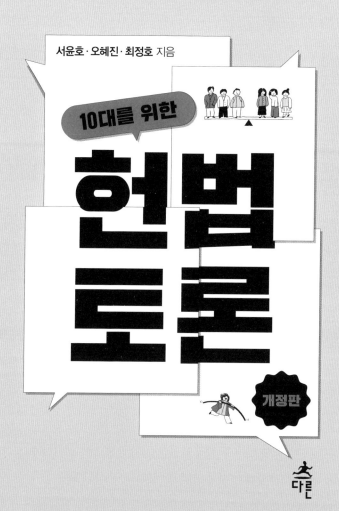

서윤호·오혜진·최정호 지음

10대를 위한

헌법 토론

개정판

다른

'나비'의 새 출발

안녕! 내 이름은 현우야. 나는 중학교에 입학한 뒤로 지금까지 쭉 '나비'라는 헌법 공부 동아리에서 활동하고 있어. 그러고 보니 동아리에 합류한 지 벌써 1년이나 됐네.

올 들어 동아리에는 커다란 변화가 생겼어. 학기 첫 시간에 올해 동아리 모임을 어떻게 할지 회의하던 도중, 수호가 활동 방식을 '토론'으로 바꾸자고 했거든. 수호는 마치 사회 수업을 반복하는 것처럼 진행되던 방식이 불만이었던 모양이야. 물론 나도 그 점이 늘 마음에 걸리기는 했지만 뚜렷한 묘안이 없어서 그동안 가만히 있었지.

결정적으로 일이 이렇게 진행된 건 수호의 제안에 동아리 담당 선생님께서 선뜻 공감하셨기 때문이야. 헌법의 기본적인 내용을 알고 있다면, 그다음은 우리가 스스로 생각하고 헌법의 이념을 현실에서 구현하는 거라고 말씀하셨지. 여기에 다솜이가 박수를 치며 동의했고, 민주가 쐐기를 박았어. 민주는 이 모든 일이 이미 결정된 것처럼 말하며 논의에 마침표를 찍었지.

"그럼 본격적으로 이야기를 시작해 볼까? 첫 토론 주제부터 정하자."

동아리 모임 시간과 토론 주제를 정하고, 우리는 기념으로 단체 사진을 찍었어. 일단 팀워크를 다질 필요가 있으니까!

 HYUNWOO · · ·

2학년이 되고 첫 동아리 모임! 작년 동아리 모임은 사회 수업 느낌이었지만, 올해는 색다르게 모임을 진행하기로 했다. 헌법 동아리 나비 8기 파이팅! #민주 #수호 #다솜

댓글:
rokmc_suho 야, 근데 이번에 동아리 이름 좀 바꾸자. 나비가 뭐야, 나비가. 아, 너 금요일에 뭐 하냐? 3반이랑 6시부터 축구할 건데, 와라. 또 게임방으로 도망가지 말고!
democracy0915 현우 또 자기만 잘 나온 사진으로 올리기냐 ㅡ_ㅡ 수호는 나비가 뭐 어때서 그래? ㅋㅋ "나는 비상한다.", "이 시대의 방향을 제시하는 내비게이션이 되겠다!"기 선배들이 고심해서 만든 이름이라잖아.
dasomi 역시 우리 민주~! 법을 공부해서 세상을 보는 눈이 생기면, 그게 곧 내가 비상하는 것이고 시대의 방향을 제시하는 것이지!

투덜대는 거 치고는 SNS에 글을 꽤 힘차게 썼지? 사실 나도 재미있 겠다고 생각했거든. 올해 동아리 모임에서는 책에 있는 내용을 배우는 데서 그치지 않고, 헌법과 관련된 주제를 정해서 매달 토론을 할 거야. 다만 사회자나 정해진 제한 시간 없이 평소 우리가 대화하듯이 자유롭 게 이야기하는 거지! 바로 다음 달부터 사전 조사 결과를 놓고 마음껏 토론한 다음, 보고서에 들어갈 내용의 뼈대를 잡을 거야.

토론과 발표를 해서 무엇을 하냐고? 우리는 그 결과물을 국회나 헌법 재판소에 보내려고 해. 토론을 하면서 헌법에 대해 더 좋은 생각이 떠오 를 테니까. 법과 제도를 바꿔 달라고 국가기관에 제안해 볼 수 있겠지. 논쟁을 통해 헌법의 정신에 맞게 헌법을 해석하고 입법 제안도 하고, 나 아가 개헌안도 내볼 수 있을 테니 흥미롭지 않아? 물론 이 모든 걸 올해 안에 진행하려면 엄청 바쁘겠지만, 이전보다 훨씬 재미있을 것 같아.

다솜

자, 토론을 시작하기 전에 자기소개부터 해 봅시다. 다들 이미 아는 사이지만. 흠흠.
안녕하세요. 저는 다솜이라고 합니다. 부모님이랑 강아지 흰둥이와 함께 살고 있습니다. 제 꿈은 전투기 조종사예요. 사실 얼마 전까지 세계적인 피아니스트가 꿈이었지만, 레슨비가 비싸서 마음을 바꿨어요.

민주

우리 다 아는 사이인데 자기소개를 너무 딱딱하게 하는 거 아닌가? 수업 때는 형식을 갖춰야겠지만, 우리끼리 동아리 모임 할 때는 평소처럼 편하게 하면 좋겠어.
안녕! 나는 민주라고 해. 최근에 정치에 관심이 많이 생겨서 정당 가입을 알아봤는데, 어리다고 가입이 안 된대. 제일 좋아하는 과목은 사회야!

수호

다들 반가워. 어, 나는 수호야. 난 축구를 좋아해. 포지션은 공격수야. 내 꿈은 군인이 되는 거야. 다들 알다시피 우리 집이 대대로 해병대 출신이라 나도 강하고 멋진 해병이 되고 싶어. 스타크래프트에서 제일 좋아하는 유닛도 마린이지. 작년 겨울에는 해병대 캠프에 다녀왔는데, 거기서 받은 배지가 내 보물이야.

현우

이번에 반장 선거에 출마했던 현우야! 난 그렇게 생각 안 하는데, 다들 나더러 잘생기고 게임도 잘하고 똑똑하다고 하더라. 하하하, 쑥스럽게. 그런데 반장 선거는 왜 떨어졌을까? 나는 프로게이머가 꿈이지만, 대통령을 해 보고 싶은 생각도 있어. 이번 동아리 모임을 통해 내가 대통령의 자질이 있는지 보려고 해. 올해 동아리 모임 잘해 보자!

차례

첫째 모임

보호와 감시 사이에서

스마트폰 유해 매체 차단

어떤 일이 벌어지고 있을까?

스마트폰과 함께하는 시간은 우리 일상에서 꽤 많은 비중을 차지합니다. 필요한 정보를 얻을 뿐 아니라 친구와 소통하고, 좋아하는 음악을 듣거나 영상을 보는 것도 스마트폰으로 할 수 있습니다. 스마트폰은 가장 친한 친구 혹은 일상 그 자체라고 해도 될 정도이지요. 그만큼 나에 대한 많은 기록이 담겨 있기도 합니다.

최근 민주는 스마트폰을 보며 투덜거리는 시간이 많아졌습니다. 지금은 첫 번째 토론을 위해 조사해 온 인터넷 신문의 기사를 읽으며 투덜거리고 있습니다.

"아, 전자발찌라도 차고 있는 기분이야. 일거수일투족이 감시되는! 아니지, 전자발찌는 내 위치만 알려지는 것이니까 비유가 충분히 맞아떨어지지 않아. 차라리 나 자신이 해킹됐다고 하는 게 맞겠어."

민주가 도대체 어떤 기사를 읽고 있는 걸까요?

> 통신 기술의 발달과 함께 청소년에 대한 보호자의 감시 혹은 보호 방법도 나날이 발전하고 있다. 현재 가장 많이 쓰는 감시 수단은 스마트폰 유해 매체 차단 애플리케이션이다. 그 목적은 청소년에게 유해한 애플리케이션과 홈페이지를 차단하는 것이다. 일부 애플리케이션은 청소년이 누구와 연락하며, 어떤 정보에 접근했는지 등 사용 내역을 보호자에게 알려 주기도 한다.
>
> 감시를 피해 숨 쉴 방법을 찾는 청소년들의 몸부림도 웃지 못할 상황이다. 기자가 포털 사이트에 유해 매체 차단 애플리케이션을 검색하자 애플리케이션을 비활성화하는 방법을 묻는 글이 줄줄이 이어졌다.
>
> 〈피의자 신문〉 모모 기자

문제의 중심에 있는 스마트폰 유해 매체 차단 애플리케이션(앱)은 2015년에 전기통신사업법 및 같은 법 시행령이 개정될 때 마련된 새 규정을 근거로 하고 있습니다. 그에 따르면 청소년과 계약하는 이동통신사는 청소년이 이용하는 스마트폰에 유해 매체 차단 수단을 반드시

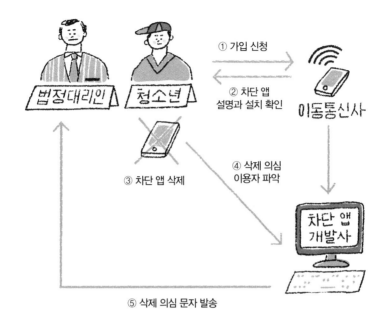

스마트폰 유해 매체 차단 앱 제공 흐름도

① 가입 신청

② 차단 앱 설명과 설치 확인

③ 차단 앱 삭제

④ 삭제 의심 이용자 파악

⑤ 삭제 의심 문자 발송

법정대리인 청소년 이동통신사 차단 앱 개발사

출처: 〈스마트폰감시법 헌법소원청구서〉, 사단법인 오픈넷

'제공'해야 하고, 이후에 차단 수단이 삭제되거나 일정 기간 작동하지 않으면 그 사실을 보호자에게 통지해야 합니다.

이게 전부가 아닙니다. 실제로는 법에서 규정한 '유해 정보에 대한 차단 수단을 제공'하는 것에 그치지 않고, 다양한 기능을 추가한 앱이 유통되고 있습니다. 게임하는 시간을 제한하거나 사용자의 위치를 추적해 보호자에게 알림을 보내는 기능도 있지요.

기사에서도 언급하듯, 청소년을 감시하는 방법은 통신 기술이 발달하면서 계속 진화해 왔습니다. 그만큼 자식 걱정하는 부모와 자유롭고 싶은 자녀 사이의 숨바꼭질이 어제오늘의 일은 아닙니다. 그렇다고 하더라도 유해 매체 차단 수단 제공이 법률에 규정되기 전까지는 스마트폰을 가지고 지내는 삶이 적나라하게 드러나지 않았지요. 보호자가 곧바로 영향력을 미칠 수 있는 방법도 없었습니다.

시대 변화에 따라 청소년의 일탈 행동이 자연스레 스마트폰으로 옮겨 왔다는 점을 무시할 수는 없습니다. 따돌림, 성착취물 시청, 범죄 관련 정보의 습득이 스마트폰을 통해 이루어지는 사례가 많기 때문입니다. 부모님을 비롯해 주변 어른들이 청소년의 스마트폰 사용에 촉각을 곤두세우는 것도 이해하지 못할 일이 아닙니다.

유해 매체 차단 앱은 청소년의 올바른 성장을 위한 결단일 수 있지만, 한편으로는 무시당하는 경험과 불필요한 갈등만 낳는 지나친 간섭일 수 있습니다. 우리는 이것을 어떻게 바라보아야 할까요? 또 어떤 문제가 있고, 어떤 대안을 생각해 볼 수 있을까요?

나는 네가
지난밤에 들어간
사이트를 알고 있다

논점 1: 사생활의 비밀과 자유

수호 민주야, 네가 자료 조사하면서 왜 기분이 나빴는지 이해는 하지만 객관적으로 생각해야 하지 않을까? 솔직히 그동안 난 이 앱이 내 스마트폰에 깔렸는지도 몰랐다만 뭐가 문제인지도 모르겠어. 자, 스마트폰 유해 매체 차단 앱이라는 말을 곱씹어 보자고. 또 실제로 유통되고 있는 앱이 어떤 기능을 가졌는지 봐. 그것들은 우리가 보다 건전하게 성장할 수 있도록 돕는 역할을 하고 있어. 그러니 내 일상이 떳떳하면 유해 매체 차단 앱은 아무런 문제가 안 될 거야. 경찰이 불심검문을 하거나 도로에 설치된 CCTV가 내 모습을 찍는다 하더라도, 잘못을 하지 않으면 아무 문제도 발생하지 않듯이 말이야.

다솜 그래, 지금 유통되는 앱들을 보면 그 자체로 나쁜 기능은 없어. 유해 사이트에 접속하거나 나쁜 뜻을 가진 특정 낱말을 사용할 경우에

보호자에게 알림이 가는 게 문제가 되진 않는다고. 물론 친구에게 물건 좀 빌려 달라고 보낸 문자를 따돌림으로 인식해서 알림이 가는 부작용은 있었지. 그렇지만 뭐 어때? 그저 웃어넘기면 되는 일이잖아. 시행 초기에 생긴 문제야 조금씩 보완해 나가면 되지 않을까?

민주 난 그렇게 생각하지 않아. 단순히 청소년을 선도한다는 교육적 목적으로만 정당화하기에는 사생활이 너무 많이 드러나 있어. 내가 스마트폰에서 성착취물을 봤거나 보려고 시도했다는 사실이 확인될 수 있다는 건 누군가 내 접속 정보를 감시하고 있다는 거잖아. 심지어 유해 매체 차단 앱이 삭제되거나 작동하지 않는지 누군가가 파악할 수 있다면, 결국 24시간 내내 밀착해서 감시받는 것과 같아. 게다가 유해 매체와 상관없는 위치 추적 기능까지 덤으로 얹어져 있는 앱도 있어. 이건 정말 엄청난 사태라고.

다솜 구체적인 자료를 보면서 이야기하면 도움이 될 거야. 한 연구에 따르면, 청소년 5명 중 1명 정도의 비율로 인터넷을 통해 성인용 영상물이나 간행물을 접했다고 해. 그런데 대부분 스마트폰으로 인터넷을 이용한대. 결국 스마트폰으로 성인물을 접할 가능성도 높아지는 거지. 네 말대로 사생활 보호도 중요하지만, 이런 상황에 대한 대책이 필요하지 않을까?

청소년의 매체별 연간 이용 경험

(단위: %)

매체 종류	연간 이용률	주요 이용 기기			
		PC · 노트북	스마트폰	태블릿 PC · 스마트패드	TV
지상파 TV 방송	94.9	4.5	15.4	1.5	78.6
지상파를 제외한 TV 방송	89.9	4.5	14.1	1.5	79.9
인터넷 신문	55.1	16.5	78.6	3.8	1.1
인터넷 만화(웹툰)	81.5	10.2	86.1	2.9	0.8
인터넷 잡지 및 전자 서적	26.0	16.9	73.5	8.0	1.5
인터넷 실시간 방송 및 동영상 사이트	92.5	12.5	81.8	4.3	1.5
인터넷 · 모바일 메신저	91.7	3.2	95.0	1.7	0.2
SNS 서비스	78.8	6.4	91.3	2.1	0.2
파일 다운로드 사이트	34.3	36.6	59.1	3.8	0.5

출처: 여성가족부, 《2016년 청소년 매체 이용 및 유해환경 실태조사》

민주 그런 것보다 사생활이 더 중요하지! 난 누군가 내 사생활을 엿볼 수 있다는 게 너무 불쾌해! 너희는 정말 아무렇지도 않아? 헌법이나 우리나라가 가입한 국제인권조약을 보더라도 사생활을 보호할 필요성이 강조되어 있다고.

:: 대한민국 헌법

제17조 모든 국민은 사생활의 비밀과 자유를 침해받지 아니한다.

:: 시민적 및 정치적 권리에 관한 국제규약

제17조 어느 누구도 그의 사생활에 대하여 자의적이거나 불법적인
간섭을 받지 아니한다.

:: 아동의 권리에 관한 협약

제16조 어떠한 아동도 사생활에 대하여 독단적이거나 불법적인 간섭
을 받지 아니한다.

현우 맞아. 최근 각 시도에서 만든 학생인권조례에도 이런 내용이 확인되고 있어. 예를 들어 소지품과 사적 기록물, 사적 공간, 사적 관계 등 사생활의 자유와 비밀이 침해되거나 감시받지 않을 권리를 보호하는 조항이 공통적으로 포함되어 있지. 때가 어느 때인데 자꾸 감시만 하려고 드는지, 참.

수호 내 말은 사생활이 중요하지 않는다는 게 아니라, 무조건 사생활의 비밀과 자유만 강조할 수 있느냐는 거야. 난 그렇지 않다고 봐. 예를 들어 어른들 모르게 왕따를 당하는 아이가 있다고 생각해 보자. 자기 이야기를 하지 않고 도움을 받을 수는 없잖아. 누가 됐든 도와주려는 사람

이 알 수 있어야 하지 않겠어?

다솜 사생활의 비밀이나 자유도 무조건적으로 지켜지는 권리는 아니야. 너희도 '내 자유만 최고'라고 고집하는 건 성숙하지 못한 행동이라고 생각할 거야. 헌법도 기본권이 일정한 경우에 제한될 수 있다고 규정하고 있잖아. 청소년 보호라는 목적을 위해 법률이라는 형식으로 제한하는데 그게 그렇게 문제일까?

민주 그렇지만 더 신중히 접근해야 할 것 같아. 내 사생활이 보호받지 않고서 내가 과연 온전히 '나'라고 할 수 있을까? 누군가 항상 나를 지켜보고 있다는 것을 안다면, 내 생각과 행동은 감시자의 요구에 맞춰질 거야. 그건 내가 아니지. 또 그렇게 많은 사람이 행동에 제약을 받기 시작하면 온전한 의사소통이 불가능해질 거야. 그건 우리가 가치 있게 여기는 민주주의 실현도 막을 거고. 그러니 단순히 사생활의 비밀과 자유에 대립하는 어떤 공익이 있다는 것만으로는 그에 대한 제한이 정당화될 수 없어.

다솜 너무 거창하게 이야기하는 거 아냐? 사실 민주주의도 따지고 보면 유해 매체와 거리를 둔 성숙한 시민이 만들어 갈 때 더 건전해지지 않을까?

개인정보의 흐름을 통제할 수 있을까?

논점 2: 개인정보 자기결정권과 정보 보안

현우 사생활도 중요하지만, 개인정보가 어떻게 처리되는지도 꼭 짚어 봐야 할 문제야. 내 정보는 내 것이 아닌 걸까? 일단 수집된 정보는 어떻게 처리되고 있는지, 해킹과 같은 보안 위협으로부터 안전하게 보관되고 있는지 정말 궁금해. 수호 말처럼 도와주겠다는 사람에게 비밀을 털어놓을 수는 있다고 해도, 그 사람이 내 비밀을 이용해 물건을 판다거나 협박을 하면 안 되니까 말이야. 그리고 내 기록을 아무렇게나 방치해서 누구나 볼 수 있는 상태가 되면 큰일이잖아. 유해 매체 차단 앱도 같은 시각에서 볼 필요가 있을 것 같아.

민주 그래, 그 문제도 좀 다뤄 보는 게 좋겠어. 내 정보의 흐름을 내가 통제할 수 없다는 점이 문제인 듯하거든. 다시 말해서 내 정보가 언제, 누구에게, 어느 범위까지 알려지고 이용되도록 할 것인지 스스로 결정할 수 있는 '개인정보 자기결정권'이 문제라고.

수호 사생활의 비밀과 자유는 누군가의 간섭으로부터 방어하는 소극적인 느낌인데, 개인정보 자기결정권은 내가 직접 통제하고 결정한다는 적극적인 느낌의 권리인 것 같다. 그런데 그게 왜 문제야?

민주 우리가 스마트폰을 개통하려면 계약을 해야 하잖니? 그때 이름이랑 주민등록번호가 통신사에게 알려지고.

다솜 그야 당연한 거 아냐? 그 정보는 내가 동의해서 준 거잖아. 그런데 뭐가 문제란 거야?

민주 그 정보를 유해 매체 차단 앱을 만든 개발사도 이용하는 게 문제야. 또 내가 스마트폰을 이용하면서 생겨나는 접속 정보나 위치 정보, 로그 기록도 앱 개발사가 이용하고 있대. 예를 들어 '스마트폰 이용 행태 통계 정보'를 알려 주는 앱이 있는데, 통계의 기초가 된 내 정보를 제공하는 것에 대해 난 동의한 적이 없어. 너희도 마찬가지일 거야.

현우 최근 어떤 대형마트가 경품 행사에서 얻은 고객 정보를 보험사에 판매한 거랑 비슷하네! 가만 보면 포털 사이트에서 나이나 성별을 기준으로 선호도에 따라 뉴스를 구분해 놓은 것도 아마 나도 모르는 사이에 개인정보가 유통된 결과이지 않을까? 우리 중에 기사를 읽으면서 '내가 몇 살이고 어떤 성을 가졌는데, 이 뉴스가 마음에 든다.'라고 정보를 제공한 적이 있는 사람은 없잖아.

민주 맞아. 그리고 유해 매체 차단 앱이 삭제되었거나 15일 이상 작동하지 않을 때 보호자에게 문자로 알리기 위해서도 내 개인정보를 개발사에 알려야 하지.

다솜 그런데 말이야, 우리가 너무 예민하게 반응하는 건 아닐까? 주민등록번호가 외국에서 거래된다는 이야기가 수년 전부터 들려왔지만, 난 아직까지 어떠한 불이익도 받은 적은 없거든. 포털 사이트에서 내 정보를 이용해 뉴스를 보여 준다고 해도 뭐가 나쁜지 모르겠어. 오히려 그 덕분에 내가 원하는 맞춤형 정보를 제공받고 있는 거 아냐?

수호 그렇지. 게다가 개인정보 이동을 일일이 통제하면 세상에 수월하게 진행될 일이 있겠어? 매번 안내하고, 동의받고, 통지하는 건 너무 번거롭잖아. 솔직히 한번 생각해 봐. 그런 절차를 많이 만든다고 해서 우리 중 누구도 충분히 고민한 뒤에 개인정보 제공에 동의할지 여부를 결정하지는 않을걸? 그동안의 정보 유통을 돌아보자고. 기업에서 관련한 내용을 통지하고 동의를 구했는데, 우리가 내용을 제대로 읽지도 않고 다 동의하는 바람에 정보가 넘겨진 거잖아. 그런 식이라면 동의를 받든 안 받든 그렇게 큰 차이가 있는지도 모르겠고, 예민하게 구는 몇몇 사람을 빼면 정보 제공에 동의받는 걸 중요하게 여기는 사람이 얼마나 될지도 잘 모르겠어.

현우 그건 개인정보에 대해 우리한테 주도권이 없고 기업이 자기 입맛대로 판을 짜 놓았기 때문이야. 법이 그런 약자에게 도움을 줘야지!

민주 한 가지 더 이야기할 게 있어. 유해 매체 차단 앱이 과연 안정적인 보안 수준을 갖추고 있을까? 쌓인 정보가 결국 해커의 표적이 되고 있잖아. 그런데 우리를 감시하겠다고 불안정한 앱을 만들어서 강제로 깔게 하는 건 무책임하다고 볼 수밖에 없어. 몇 년 전에 방송통신심의위원회가 추진했던 '스마트보안관'을 떠올려 봐! 수십억 원을 들여 개발한 앱인데도 보안에 결함이 드러나서 공개하자마자 서비스를 중단했잖아.

> 정부가 수십억 원을 들여 개발한 스마트폰 유해 매체 차단 앱 '스마트보안관' 서비스를 중단했다. 스마트보안관의 보안 결함 문제를 해결하지 못했기 때문이라는 분석이 나온다.
>
> 방송통신심의위원회는 "모든 이동통신사가 유해 매체 차단 앱을 무료로 제공하기 시작했기에 서비스를 중단했을 뿐"이라고 밝혔으며, 개발사는 이번 서비스 중단에 대해 언급을 회피했다.
>
> 〈정보 신문〉 이통신 기자

수호 그래도 그건 아니지. 네가 제시한 기사에 나와 있듯이, 보안이 아니라 다른 이유로 서비스를 중단한 거잖아. 그렇게 입장 표명도 했는데, 우연히 맞아떨어진 상황 때문에 음모론을 주장하는 건 너무 지나쳐. 또 분명하게 드러난 보안 결함은 계속 고치면 되는 문제 아닌가?

다솜 수호 말이 맞아. 자동차를 생각해 보자. 자동차는 매우 빠른 속도로 달리기 때문에 충돌했을 때 큰 인명 피해를 내지. 걷거나 자전거를 타다가 부딪쳐 발생하는 사고보다 훨씬 큰 피해가 일어나. 그렇다고 자동차의 편리함이나 빠른 이동성을 포기하는 게 현명한 일일까? 오히려 점점 발전하는 기술을 이용해 문제점을 보완하고, 그동안의 경험을 통해 안전에 취약한 지점을 계속 찾아내서 교통 체계에 반영하는 게 올바른 방법이 아닐까? 문제점이 있는 제도라고 해서 폐기하는 것만이 답은 아니잖아. 중요한 것은 그 목적이 정당한지 검토하고, 목적이 옳다면 문제점을 보완해 나가는 것이지. 유해 매체를 차단하고 청소년이 올바르게 성장하도록 하는 것이야말로 지속적으로 추구해야 할 정당한 목적이라고 봐.

우리 가족 나름의
해법을 침해하는가?

논점 3: 보호자의 교육권과
후견주의

현우 아무리 정당한 목적을 가졌다고 해도 유해 매체 차단 앱이 적정한 수단인지는 알 수 없어. 기본권을 덜 제한하는 다른 방법이 있을 거야. 그리고 사생활의 비밀과 자유, 개인정보 자기결정권 말고도 부모님이 가지는 교육권이 침해된다는 사실도 기억해야 해.

수호 그래, 현우 말을 들어 보자.

현우 헌법을 종합적으로 살펴볼 때 보호자의 교육권은 당연한 권리야. 헌법은 부모가 자녀 교육에 관해 전반적인 계획을 세우고, 부모의 인생관이나 교육관에 맞게 자녀를 교육할 권리를 기본권으로 보장하지. 또 학교 밖에서 보호자의 교육권은 학교나 다른 교육 기관이 가지는 교육권보다 우위에 있어. 물론 개인정보 자기결정권처럼 헌법에 직접 규정하고 있지는 않지만 말이야.

민주 맞아. 그럼에도 유해 매체 차단 앱은 보호자의 교육권을 완전히 무시하고 있어. 앱을 깔기보다 부모와 자녀 간 대화를 통해 자녀가 유해 매체 접속을 피하도록 할 수 있잖아. 그런데 앱 설치 강제는 이 가능성을 처음부터 없애는 셈이야.

수호 민주야, 네가 무슨 말을 하는지 당최 모르겠어. 난 이런 앱이 있다는 걸 여지껏 몰랐다니까? 아, 그러고 보니 앱을 삭제했다는 애들 이야기를 들어 본 적은 있는데, 그렇다고 걔들 부모님이 뭐라 하신 건 아니거든. 혹시 모른 척하신 건 아닐까? 만일 그랬다면 모른 척하는 것 또한 걔들 부모님의 교육 방침인 것 같고.

민주 그래, 그럴 수도 있어. 하지만 내가 말하고자 하는 건 '우리를 대하는 태도'의 문제야. 선택의 여지를 남기지 않고 강제성을 띠고 있잖아. 어떤 금지 규정이 당장은 잘 지켜지지 않더라도 이것을 근거로 언제든 규제할 수 있다는 점도 잊지 말아야지. 가령 형법에서 정한 '일반교통방해죄'를 생각해 봐. 도로를 망가뜨리거나 길을 막아 교통을 방해하는 행위를 처벌하는 법인데, 적용된 적이 별로 없다가 2008년도에 촛불집회를 막으려고 갑자기 수면 위로 떠올랐잖아. 이때 '그동안 내버려 뒀잖아.'라는 반론이 '규정으로 정해져 있었다.'라는 걸 이길 수 있었을까?

수호 아무리 그래도 네 생각은 너무 이상적이야. 물론 부모님의 다른 교육 방침이 있을 수 있겠지. 하지만 그 방침이 충분한 효과를 냈을까? 문제가 해결 되지 않으니까 앱 의무 설치라는 초강수를 두게 된 거야. 법이 지금 가지고 있는 태도는 보호자를 무시하는 게 아니라 도와주는 거라고.

다솜 나도 같은 생각이야. 연구에 따르면, 가정에서 미디어 이용 지침을 두었을 때 TV와 PC의 이용률은 유의미하게 감소했지만 스마트폰의 이용률은 그렇지 않았어. 물론 이 연구는 유해 매체 접속 여부를 묻지 않고 접속 시간만을 조사한 거라서 스마트폰이 다른 기기에 비해 이용 시간을 통제하기가 쉽지 않다는 것을 알 수 있을 뿐이야. 그렇지만 그 자체로 스마트폰을 통한 유해 매체 노출을 통제하기가 쉽지 않음을 짐작할 수 있지 않을까?

현우 내 생각은 달라. 우리가 스마트폰으로 얼마나 다양한 것을 할 수 있는데! 단순히 접속 시간이 길다고 유해 매체에 노출될 확률이 높다는 결론을 내기는 어려워.

수호 그건 그렇네. 내가 스마트폰을 가장 길게 쓸 때는 축구 경기를 볼 때인데, 유해 매체랑은 상관이 없지.

현우 게다가 유해 매체가 사람을 따라다니는 것도 아니니까 스마트폰 이용자의 의지 문제가 변수로 작용할 거야. 더 최근의 연구 결과를 보면 청소년들이 양질의 스마트폰 이용 교육을 받을 경우 교육 효과가 높게 나타나기도 했어. 매체 이용 교육을 통해 유해 매체 이용을 자제하게 할 수 있다는 것이지.

민주 그렇지. 유해 정보 사이트 자체에 대한 접근 방지, 성인 인증 등 많은 조치가 이미 마련되어 있잖아. 유해 매체 차단 앱은 기본권과 그다지 친하지 않은 방식으로 중복되는 조치를 무리하게 추진하고 있는 것이 아닐까? 다른 조치만으로 청소년과 보호자가 상의해서 자율적으로 통제하는 것은 충분히 가능한데, 앱 설치 의무가 이것을 일방적으로 봉쇄했다고 생각해.

수호 그런데 하나 짚고 넘어가야 할 것이 있어. 기존에 마련된 많은 조치들은 해외에 서버를 둔 유해정보에 대해서는 우리나라 법의 강제력이 미치기 어렵고 실제로 잘 차단되지도 않아. 그래서 매체가 아닌 청소년에 대한 규제가 필요할 수 있고 그게 중복이라고만 단정할 수는 없을 거야. 또 법이 이러한 조치를 강제한 적은 없는데 너희는 자꾸 강제성을 전제로 이야기하고 있어. 법에서 차단수단을 '제공'하라고 한 것이 우리의 동의도 없이 무작정 강제한다는 뜻은 아니란 말이야. 이건 최근 헌법 재판소도 확인했어.

민주 그렇긴 한데, 수호 네 말은 국가가 법률을 통해 우리의 권리를 침해한 것은 아니라는 말이잖아. 어쨌든 나와 부모님 중 그 누구의 동의도 없이 어플이 설치된 것은 사실이니 기업을 통해서 우리 기본권이 침해된 것을 논하는 것은 의미가 있다고 생각해.

현우 그런데 말이야, 이 논란의 뒤편에 한 가지 더 짚어 볼 게 있는 것 같아.

민주 어떤 점이 있는데?

현우 우리가 스마트폰 사용을 스스로 통제하는 것이 불가능한가 하는 점이야. 처음부터 우리가 알아서 잘 해결할 수 있는 일인데 어른들의 걱정이 앞선 게 아닐까? 조금 도움을 주는 정도로도 충분한데 지나치게 강제적으로 대응해서 반감만 사고 있는 건 아닐까?

수호 우리가 알아서 할 수 있다고? 우리를 부르는 다른 이름이 뭐니? '미성년자'야. 아직 성년에 이르지 못했다는 뜻이지. 경험도 적고 폭넓게 생각하는 능력도 부족하니까 일정 부분 어른들의 도움을 얻어야 하는 게 당연해. 하물며 유해 매체를 스스로 판단하겠다고? 어린아이를 물가에 내놓고도 큰일이 일어나지 않기를 바란다는 말처럼 무책임한 소리야.

현우 수호야, 난 스스로 미숙하다고 생각하고 수동적으로 행동하려는 건 썩 내키지 않는데? 이번에 대학에 들어간 사촌 형이 그러는데, 그동안 학교랑 집에서 시키는 대로만 해 왔더니 대학생활이 너무 어색하다고 하더라. 수업을 땡땡이치고 술을 마셔도 뭐라 하는 사람이 없고 수강시간표도 직접 짜려니까 이상하다는 거야.

다솜 그러니까 도움이 필요하다는 거지. 성년이 돼서도 헤매는데 그보다 일찍 풀어 주면 어떻겠어? 아휴, 생각만 해도 혼란스럽다.

현우 아니, 난 그렇게 생각하지 않아. 우리 사촌 형만 봐도, 일정 나이가 되었다고 당연히 어떤 능력이 생기는 게 아니구나 싶지 않아? 오히려 스스로 어떤 경험을 한다는 것 자체가 중요한 거지.

수호 그 경험이 짧다는 점을 지적하는 거야. 게임에 비유해서 설명할게. 네가 말한 시점은 캐릭터가 만렙으로 성장한 시점이라고 보면 될 거야. 그다음부터는 어느 던전이든 마음껏 돌아다니면서 게임을 즐길 수 있어. 하지만 낮은 레벨일 때 아무 던전이나 가서 게임을 하면 레벨이 쌓이고 경험이 많아지기는커녕 실패만 거듭하다 게임을 그만두게 될거야. 웬만큼 성장하기 전까지는 안내서에서 알려 주는 방식이나 레벨이 높은 사람을 따라다니며 조언대로 경험을 쌓는 게 훨씬 나아. 우리가 다 결정하기에는 아직 이르다고.

민주 자, 다들 진정해. 이제 우리가 짚어 볼 문제가 무엇인지 정확히 알겠어. 너희 '청소년 보호주의'라는 말 들어 봤어? 지금 우리가 이야기한 미성숙 운운하는 게 보호주의라고 할 수 있어. 보호한다는 이유로 자꾸 어른의 시각에서 무언가를 결정하려는 것 말이야. 이거 좀 문제가 있지 않니? 우리 스스로 결정할 수 있는 것도 많은데.

수호 계속 이야기가 되돌아가는데, 스스로 결정할 수 있다는 데 너무 집착하지 말자고. 결정이야 당연히 스스로 하지. 다만 그게 올바르고 좋은 것인지가 중요하다고 봐. 방금 이야기한 청소년 보호주의가 법에서는 '후견주의'라는 문제와 같은 게 아닐까?

다솜 후견주의가 뭔데?

수호 이럴 줄 알고 내가 미리 조사해 왔는데 후견주의란, 어떤 사람의 이익을 위해서 그 사람의 의사에 반해 자유를 제한하는 거래. 청소년이나 심각한 정신장애인에 대해서는 후견주의가 부정되고 있지 않아. 또한 후견주의는 내가 다른 사람의 자유에 간섭하는 문제가 아니고, 국가가 나의 자율에 간섭하는 문제야.

민주 잠깐만! 후견주의든 보호주의든 교육을 하겠다는 것이지, 감시를 하겠다는 건 아니잖아. 내가 볼 때는 감시와 통제로 교육하겠다는 발상 자체가 잘못된 것 같은데! 가정이나 학교에서부터 권리를 존중받지 못하면서 어떻게 더 큰 사회에서 권리를 존중받길 기대할 수 있겠어? 오히려 복종하는 자세에 익숙해져서 스스로 감시자를 찾아 나설지도 몰라. 시간이 걸리고 시행착오를 겪더라도 주변 사람들과 대화하면서 결정을 내리는 게 옳아.

현우 그러고 보니 궁금한 게 하나 생긴다. 우리가 지금 나누는 이야기는 청소년과 보호자 사이의 이야기를 넘어서 국가가 유해 매체 차단 앱을 법으로 강제하는 차원에 대한 거잖아. 국가의 법이 한 개인의 장래의 이익을 보호한다는 명분으로 내가 지금 선호하고 있는 것을 묵살해도 좋은 걸까? 그건 마치 '이것이 곧 너의 행복'이라고 강요하는 것일 수도 있잖아.

다솜 그러네. 하지만 성착취물 같은 유해 매체는 금지하는 게 맞지!

현우 아, 그 부분도 근거를 대라고 하면 간단하지 않을걸?

민주 난 현우가 말한 부분은 고민할 가치가 충분히 있다고 생각해.

다솜 어떤 이유로 그렇게 생각해?

민주 국가가 나의 행복을 규정짓는 데에는 문제가 있어. 우리의 자율성이 충분히 존중되면서 문제를 해결할 수 있는 방법을 찾는 것이 중요할 거야. 그리고 한편으로는 자율성이란 게 아무런 제약 없이 온전히 내 마음대로만 행동하는 것을 뜻하는 걸까, 싶은 생각이 드네. 난 공동체의 일원으로서 의무가 있고, 다른 사람의 행복도 함께 고려하는 자율성이 더 건강한 자율성일 것 같아.

수호 첫 번째 모임부터 아주 흥미진진하다! 정보화 사회에서 우리의 정보는 이용 가치가 있는 만큼 보호할 필요성도 높아지는데 얼마만큼의 정보 유통을 필요한 것으로 볼 수 있을까? 또 이해하기 힘들 정도로 복잡해진 기술 속에서, 정보 유통을 스스로 결정하려면 어떤 조건이 필요할까? 생각해 볼 문제가 많은 것 같아.

다솜 자, 오늘은 일단 이 정도로 이야기를 정리하고, 이번 보고서는 누가 쓸까?

민주 이번 보고서는 내가 정리할게.

현우 오, 역시 민주는 추진력이 좋아.

민주 대신 다음은 너희 차례야. 알고들 있지? 나도 더 하고 싶은 말이 있어. 부모님의 관심이 때로는 지나치게 심하다고 느끼는 건 어제오늘의 일은 아니야. 그런 면에서 정보 기술이 발달하면서 새로이 등장한 문제 중에는 예전 문제의 '업그레이드 버전'인 것들이 더 많을 거야. 앞으로 빅데이터와 이를 기반으로 하는 인공지능 시대에는 더 많은 문제들이 생겨나겠지. 우리도 꾸준히 관심을 갖고 그때의 기술 수준에 맞는 대응을 해 보자.

○ 스마트폰 유해 매체 차단수단 문제는 청소년의 건전한 성장과 자율 보장 문제로서, 국가와 사회가 과연 어디까지 도움을 줄 수 있는지의 문제다.

○ 스마트폰 감시 앱에서 문제되는 청소년의 기본권 중 하나는 사생활의 비밀과 자유이다. 유해 매체 차단 앱이 작동할 때 필연적으로 청소년의 사생활이 감시되기 때문이다.

○ 청소년의 기본권 중에서 문제되는 다른 하나는 개인정보 자기결정권이다. 앱을 통해 얻어진 정보는 통신사, 앱 개발사, 보호자에게 전송되고 심지어 가공되기도 한다. 이 과정에서 청소년 스스로 개인정보의 유통을 결정할 여지는 전혀 없다.

○ 또 한 가지 헌법적 쟁점은 보호자의 교육권이다. 청소년의 스마트폰에 유해 매체 차단 앱을 설치하도록 법적으로 강제하는 것은 보호자가 청소년을 교육하는 과정에서 유해 매체 차단 앱을 사용할지, 아니면 다른 방법을 통할지 선택할 여지를 없애는 것이기 때문이다.

○ 스마트폰 감시 앱을 통해 보호하려는 가치는 청소년의 건전한 성장인데, 자율성을 강조하는 입장과 어른들의 역할에 비중을 두는 입장이 대립한다. 이는 후견주의의 관점에서 접근할 수 있다. 헌법재판소는 2020.11.26. 자 2016헌마738 결정을 통해 해당 조항의 합헌성을 확인했다. 법률 문언은 차단수단을 '제공'하도록 할 뿐이므로 강제적이지 않고 오히려 동의를 요하기 때문이며, 차단수단이 잘 작동되는지 확인하는 것은 과도한 침해가 아니라는 것이다. 이에 대해서는 설치 거부권 조항 도입 논의가 있을 만큼 강제성이 인정되는 문제에서 헌법재판소가 판단을 회피했다는 비판이 있다. 나아가 헌법재판소의 견해를 수용하더라도 여전히 기업에 의한 기본권 침해라는 문제는 남을 것이다. 따라서 이후에도 관련 논의를 이어가야 하겠다.

둘째 모임

18금 참정권

청소년의 정치 참여

어떤 일이 벌어지고 있을까?

선거철이 되면 여기저기서 어느 후보가 어떻고 어느 정당이 어떠하다는 뉴스가 쏟아집니다. 국민들은 어느 후보를 선택해야 할지 여러모로 고심하고 투표를 합니다. 이것은 대의제 민주주의 국가에서 참정권을 행사하는 가장 기본적인 모습이지요. 더 적극적으로는 정당에 가입해서 의견을 같이하는 사람들과 특정 정책을 실현시키기 위한 활동을 하기도 합니다. 그런데 이러한 민주주의의 꽃을 바라만 보는 사람들이 있으니, 바로 청소년입니다.

헌법 제1조 제2항은 "대한민국의 주권은 국민에게 있고, 모든 권력은 국민으로부터 나온다."라고 규정하고 있습니다. 헌법 제24조는 "모든 국민은 법률이 정하는 바에 의하여 선거권을 가진다."라고 합니다. 이에 공직선거법은 헌법의 위임에 따라 선거권을 행사하기 위한 구체적인 조건과 방법 들을 정해 놓았습니다. 그런데 헌법에서는 선거권을 가지는 주체가 모든 국민이라고 했는데, 국회의원들이 만든 공직선거법과 지방교육자치법에서는 만 18세 이상의 국민이 선거권을 행사한다고 연령 제한을 둡니다. 주민투표법과 지방자치법은 선거 연령 기준을 19세 이상으로 하고 있고요. 이 때문에 19세 미만 청소년은 지방선거에 참여할 수 없으며 우리 동네의 중요한 안건에 대해 묻는 주민투표에도 참여할 수 없습니다. 이와 같은 선거권 연령은 최근의 청소년들의 욕구와는 다소 거리감이 있습니다.

그렇다면 정당에 가입하는 것은 어떨까요? 안타깝게도 정당법도 가입 대상을 국회의원 선거권이 있는 사람을 기준으로 하고 있어서 만 18세 미만 청소년은 정당에 가입할 수 없습니다. 17세에 주민등록증을 발급받으며 18세부터는 병역의 의무를 수행할 수 있고, 국가 공무원으로 근무할 수 있을뿐더러 혼인을 하거나 운전면허를 취득할 수도 있는데 말이지요.

선거 연령의 형평성 문제는 계속 제기되었습니다. 입법기관인 국회뿐만 아니라, 헌법의 의미를 최종적으로 해석하는 헌법재판소 역시 선거 연령과 관련한 주요 판결인 '2012헌마287'에서 공직선거법의 선거 연령에 관한 입법 내용들이 합헌임을 확인했습니다. 헌법재판소는 19세 미만의 미성년자는 정치적·사회적 문제에 대한 판단을 하기에 미성숙하다고 판단했습니다. 보호자나 선생님에게 크게 의존하고 있기에 자율적인 생각을 할 수 없을 것이라고 말입니다.

그렇다면 다른 나라의 상황은 어떨까요? 시민혁명 이후에 선거권은 크게 확대되었고, 제2차 세계대전 이후에는 선거 연령도 점차 낮아졌습니다. 대표적으로 미국이 베트남 전쟁에 참전했을 때, 20세도 되지 않은 군인들이 매우 많이 사망하자 병역의 의무와 형평에 맞게 선거권이 인정되어야 한다는 목소리가 커졌습니다. 우리와 가까운 나라 일본이 2015년에 18세로 선거 연령을 낮춘 것을 비롯해 현재는 세계 대부분의 국가가 선거 연령을 18세로 규정하고 있습니다. 또 북한은 17세로, 오스트리아는 16세로 선거 연령을 정하고 있습니다.

우리나라는 제헌 헌법부터 제2차 개정 헌법까지는 대통령·부통령 선거법과 국회의원 선거법에서 선거 연령을 21세 이상으로 규정했습니다. 그러나 제3차 개정 헌법부터는 20세로 규정했고, 이후 제6공화국 헌법인 1987년 개정 헌법부터는 선거 연령을 법률에 위임하도록 했습니다. 이렇게 헌법으로부터 위임받은 개별 선거법은 선거권 연령을 20세 이상으로 규정했고 공직선거법이 제정되기 전까지 45년간 유지되었습니다. 그러던 중 2005년도 공직선거법 개정 당시 선거 연령에 관한 여

OECD 회원국 국회의원 선거 연령	
연령	국가
16세	오스트리아
18세	이스라엘, 터키, 벨기에, 체코, 덴마크, 에스토니아, 핀란드, 프랑스, 독일, 그리스, 헝가리, 아이슬란드, 아일랜드, 이탈리아, 룩셈부르크, 네덜란드, 노르웨이, 폴란드, 포르투갈, 슬로바키아, 슬로베니아, 스페인, 스웨덴, 스위스, 영국, 미국, 캐나다, 칠레, 멕시코, 호주, 뉴질랜드, 일본

야의 논쟁에서 당시 여당이었던 열린우리당이 18세를 주장했으나 야당이었던 한나라당이 주장한 19세로 결정되었다가, 이후 2020년 1월 개정으로 만 18세 이상이라는 지금의 기준으로 하향되었습니다.

최근에는 세계적인 기준에 맞춰 우리나라도 선거 연령을 낮춤으로써 저조한 선거율과 인구 노령화, 젊은이들의 정치에 대한 무관심에 대응해야 한다는 목소리가 높아지고 있습니다.

두발 단속, 체벌, 역사 교과서 국정화 등 학생들의 문제를 스스로 해결하고자 하는 청소년의 권리 의식도 성장했고, 정치적 문제에 직접 나서 자신의 목소리를 내는 청소년도 많아졌습니다.

우리 청소년들은 대한민국 사회의 구성원으로서 자신의 문제와 사회의 문제에 관심을 가지고 참여하기를 원합니다. 언젠가 중학생들의 손에도 선거권이 주어지는 날이 올 수 있을까요? 청소년의 정치 참여에 대해 우리는 무엇을 고민해 봐야 할까요?

*참조_ 2020년 1월 14일 공직선거법 개정으로 국회의원 및 대통령 선거, 그리고 시도교육감 선거에서 투표는 만 18세부터 가능해졌습니다. 이하의 대화 내용 및 '현우의 보고서'는 개정 전 법률과 그것을 대상으로 한 헌법재판소 결정을 언급하며 특히 국회의원 선거권 문제를 논하고 있어 주의를 요합니다. 그 밖에 지방의회 의원 및 지방자치단체장 선거는 여전히 만 19세부터 가능합니다.

나이는 숫자일 뿐

논점 1: 연령을 기준으로
선거권을 부여하는 문제

 현우 아, 세상 답답하다. 내일이 선거일인데 선거권이 없어서 투표도 못 하고. 후보자 연설도 들어 보고 싶은데 학교에 매여 있는 신세라니. 대통령이 꿈인 나에게 학교 수업은 그저 달콤한 잠을 부르는 자장가일 뿐이지.

다솜 수업 시간에 조는 걸 보니까 수업이 자장가는 확실한 것 같더라. 한심하다, 한심해. 수업 시간에 그렇게 졸면서 대통령은 어떻게 되겠다는 건지.

민주 하하. 역시 현우 잡는 데는 다솜이가 선수야. 그래도 현우가 가끔 어른스러울 때도 있지 않아?

수호 그래, 지난달 반장 선거에서 출마 선언을 했을 때에는 나도 감동받았어. 그럴 때 보면 현우가 진짜 중학생 맞나 싶다니까.

민주 맞아. 그때 선생님들도 칭찬을 많이 하셨잖아. 오늘 토론 주제와도 연결되는데, 꼭 나이를 기준으로 성숙함을 판단할 수 없는 것 같아.

현우 하하, 나의 리더십에 다들 깜짝 놀랐구나? 내가 나이만 어리지 않았어도 당장에 시장이든 국회의원이든 출마해서 세상을 바꿔 볼 텐데. 너희도 날 뽑아 줄 거지?

다솜 현우, 비행기 제대로 탔구나. 나한테 선거권이 생기면 꼭 뽑아 줄게. 지난번 출마 선언할 때 기획한 공약들에 나도 놀랐던 건 인정하니까.

현우 너희처럼 이렇게 사람 볼 줄 알고 똑똑한 청소년들이 선거에서 투표를 할 수 없다니, 정말 안타까운 일이야. 청소년도 모두 투표도 하고 참정권을 적극적으로 행사할 수 있어야 하는데.

민주 하하. 셀프 칭찬은 웃기지만 일리가 있는 이야기야. 내 주변에도 사회문제에 관심 많고 정치적 의식 수준이 높은 친구가 많은데, 모든 시간과 열정을 학교 공부에 쏟을 수밖에 없는 현실이 안타까워.

수호 나도 민주 생각에 동의해. 그렇지만 나이에 대한 기준은 사회적이고 문화적인 합의가 반영된 거잖아. 이 나이쯤에는 이 정도 사고 수준과 능력을 갖는다는 걸 법으로 인정한 것이지. 연령을 떠나 개인마다 성숙도를 가늠하려면 너무 비효율적이지 않을까?

다솜 그리고 너희는 어떨지 몰라도 나는 빨리 어른이 되기 싫단 말이야. 아직 부모님이나 선생님의 도움이 필요하다고. 지금 당장 투표장에 가라고 하면 누굴 뽑아야 할지 몰라서 부담스럽기만 할 것 같아. 그렇다고 아무나 찍을 수도 없는데!

현우 다솜아, 자신감을 가져. 나처럼 능력 있는 반장을 알아봤는데, 네 생각과 판단을 너무 과소평가하는 거 아냐? 나이가 많다고 현명한 판단을 하리라는 법은 없어. 정치적 올바름에 확고한 정답은 없는 만큼, 각자의 입장은 동등하게 존중받아야 해. 어리다고 달리 볼 순 없어.

민주 그래. 우리에게 선거권이 주어지지 않는 핵심적인 이유는 미성숙한 존재로 바라보는 시각 때문이야. 선거 연령을 제한하는 공직선거법에 대한 헌법재판소의 합헌 판결을 보면 이 사실을 잘 알 수 있어. 청소년들이 자기 정체성이 확립되어 있지 않고 부모나 교사에게 의존적이기 때문에 민주 시민으로서 독자적인 판단이 어려울 거라고 했지. 시대를 이끌 주역이라고 치켜세울 때는 언제고, 청소년을 자율성 없는 미성숙한 존재로 정의하다니, 이중적인 모습이야.

수호 물론 요즘 청소년이 디지털 미디어를 통해 정보를 많이 얻으니까 성인보다 지식이 많을 수 있어. 그런데 아무리 지적 수준이 높아졌다고 해도 경험이나 연륜에서 오는 판단 능력에는 미치지 못하지. 헌법재판소의 판단도 일리 있다고 봐.

다솜 그래. 성년이 되는 나이도 19세니까 그에 맞춰 선거도 할 수 있는 지금 기준이 나쁘지 않지. 어른보다 술을 더 잘 마시는 청소년이 있다고, 그 청소년한테 술을 팔 수 있는 건 아니잖아. 자신의 판단과 행동에 책임지게 하는 법적 성인인 19세 기준이 제일 명쾌한 거 같아.

현우 그런데 처음부터 생각해 보면, 판단 능력이라는 게 정말로 필요한 건지 모르겠어. 각자의 능력은 성년이 되었는지와 상관없이 개별적으로 높을 수도 있고 낮을 수도 있지만, 대표를 선출할 권리를 그에 정확히 맞춘 것도 아니잖아.

민주 그래. 연령과 판단 능력을 기준으로 한다면, 나이가 지극히 많이 드신 어르신들도 선거권을 제한해야 한다는 주장도 논리적으로 가능한 거 아니야? 물론 내가 그렇게 생각한다는 건 아니야.

현우　민주주의의 기본은 정치적 권리를 평등하게 갖는 건데, 교육이
나 인지능력, 사고력 같은 걸로 선거권을 차등 보장한다는 게 말이 안
되는 것 같아. 여하튼 청소년의 권리와 복지를 강화하자는 후보를 뽑고
싶어도 선거권이 없으니, 슬프구나.

다솜　그렇지만 부모님이 우리의 미래까지 모두 고려해서 도움이 되는
방향으로 투표하시지 않을까? 정당이나 후보자 들이 내놓은 자녀 양육
이나 교육에 관한 정책을 평가할 때 우리의 복지에 합당한 쪽으로 투표
하실 거라고 생각해.

청소년의 목소리는 누가 대표하나요?

논점 2: 대표성의 문제

민주 부모님이 우리 입장까지 고려해서 합리적인 투표를 하실 거라고 믿어. 하지만 어디까지나 부모님의 권리이지, 청소년의 권리는 아니잖아. 비슷한 맥락으로 영국에서는 아동과 청소년의 선거권 확대를 위해 선거권이 없는 자녀의 선거권을 부모가 대리 행사할 수 있도록 하는 '데미니 투표(Demeny Voting)'가 논의되기도 했어.

현우 모든 권력은 국민으로부터 나온다고 했으니까 아동이나 청소년도 국민의 한 사람으로서 선거권을 갖는 게 맞지. 그러니까 굳이 청소년의 미성숙을 이유로 선거권을 제한할 것이 아니라, 모든 연령에 선거권을 인정하되 선거권을 직접 행사할 수 있는 나이가 되기 전까지는 부모가 대리 행사하게 하는 거야. 데미니 투표는 이런 점에서 자녀에게도 권리가 있다는 것을 일깨우는 효과가 있지.

수호 취지는 이해하지만 부모에게 선거를 대신하게 하는 것은 선거의 일반 원칙인 직접선거의 원칙에 위배되는 거잖아. 부모와 자녀의 의견이 다를 경우에 자녀의 의견이 무시당할 수 있고. 게다가 자녀가 없는 가정에서는 상대적으로 적은 표를 행사하게 되는 꼴인데, 그건 좀 문제가 있는 제도 같아.

현우 비록 당장 시행하기는 무리겠지만, 이 제도가 논의되는 배경과 취지에는 공감할 필요가 있어. 우리나라 인구의 20퍼센트는 19세 미만이라고. 그렇지만 투표로 의견을 표현할 수 없는 '미생' 같은 존재들이지. 그뿐인 줄 알아? 성인이 되면 우리가 결정하지도 않은 정책들을 부담해야 해.

다솜 너무 비관적인 거 아냐? 우리 나이는 실패할 시도도 해 볼 수 있는 특별한 나이라고. 이것도 다 특권이니 누릴 수 있을 때 누려야지! 빨리 투표도 하고 싶고 어른도 되고 싶은 마음은 이해하지만, 실패에 대해 온전히 책임질 수도 없으면서 권리부터 요구하는 건 합당하지 않아.

현우 권리부터 요구한다니, 이건 좀 억울한데? 우리나라에서는 18세만 되면 국방의 의무를 지러 군대에 갈 수 있고 공무를 수행하는 공무원이 될 수도 있어. 운전면허도 취득할 수 있고 결혼도 할 수 있는데, 여전히 일부 선거에서는 만 19세를 기준으로 하고 있는 거야.

민주　심지어 주민등록증은 17세부터 발급받는데 유독 참정권만 예외이니 불합리하지. 절대로 권리부터 요구하는 게 아니야.

현우　맞아. 최소한 국민으로서 부담하는 의무에 맞춰 권리도 보장해 달라는 거야. 자꾸만 우리 스스로 보호가 필요한 존재라고 생각하는 태도가 우리 권리를 제한하는 결과를 가져오는 것은 아닐까 싶다.

다솜　현우 말에도 공감은 하지만, 난 좀 다르게 생각해. 권리를 갖는 게 항상 좋은 일이라고 생각하지 않아. 권리를 행사했을 때에는 그에 따르는 책임도 부담할 수 있어야 하는데 현실적으로 우리가 그럴 수 없잖아. 당장만 봐도 부모님의 도움 없이 할 수 있는 일은 얼마 없어. 그런데도 독자적으로 권리를 행사할 수 있다는 건 모순이지 않아?

수호 하기야 미성년자가 법률 행위를 할 때는 법정대리인의 동의가 필요해. 동의 없이 한 법률 행위는 본인 또는 법정대리인이 취소할 수도 있어. 지난번에 현우가 부모님 몰래 노트북 샀다가 환불했던 거 기억 안 나? 법적으로 미성년자는 혼자 계약도 할 수 없는 처지인데, 투표권을 보장해야 한다는 건 모순 아니야?

현우 미성년자 제도와 선거권 제한은 별개의 문제야. 청소년보호법이나 미성년자 제도가 존재하는 건 아동과 청소년이 사회적으로 보호가 필요하다고 인정해서인데, 선거권을 제한하는 건 청소년을 보호하기 위한 게 아니잖아. 이 둘을 분리해서 생각하는 게 청소년의 사회참여에 도움이 된다고 봐.

민주 유엔 아동권리협약은 만 18세 미만의 아동을 단순한 보호 대상이 아닌 존엄성과 권리를 지닌 주체로 보고, 이들의 생존과 발달, 보호와 참여에 관한 기본 권리를 명시하고 있어. 이 협약은 1989년 11월 20일 유엔총회에서 만장일치로 채택되었는데, 우리나라에서도 1991년에 비준해서 이 협약의 구속을 받게 되었지. 우리나라도 청소년의 참여권을 보장하고 실현하기 위해 노력해야 할 의무가 있는 거야. 그 참여권에는 선거권도 포함돼.

현우 청소년의 참여권을 충분히 실현하려면 선거 연령을 낮춰야 해.

무엇보다도 나는 누구도 다른 사람의 입장을 온전히 대변할 수 없다고 봐. 그런 면에서 청소년도 사회 구성원의 일부로서 의견을 스스로 표현할 수 있어야 한다고 생각하고. 그게 진짜 민주주의 아닐까?

다솜 아주 이상적인 이야기지만, 민주주의도 그 사회나 문화의 영향을 받기 마련이야. 과거보다 청소년의 의식이 상당히 높아졌다고 하지만 여전히 우리나라의 입시 위주의 교육 여건이나 보수적인 유교 문화의 영향으로 자신의 가치관이나 생각을 표현하기 어려운 게 현실이지. 이상만 추구하기에는 우리 사회의 청소년이 자기 자신을 권리주체로 인식하지 못하고 있는 걸 고려해야 하지 않을까?

수호 그래. 이런 현실에서 선거를 통한 참여권 보장보다는 학교와 지역사회에서 스스로 참여하고 자신의 의견을 표현하는 민주적인 환경과 문화를 조성하는 일이 우선되어야 해. 청소년 자치 법정이나 학생 입법 활동도 하면서 말이야. 그렇게 훈련이 되고서 선거권을 행사하는 게 더 나은 방법이야.

현우 우리나라 현실에서 청소년들이 민주적 절차에 참여한 경험이 미비한 것도 사실이야. 그렇지만 내가 가져온 청소년 설문조사 결과를 봐. 이들이 청소년 전체를 대표할 수는 없겠지만, 선거를 통한 정치 활동에 참여하고 싶어 하는 청소년들의 열망이 얼마나 뜨거운지 알 수 있어.

수호 잠깐만, 그 말은 다른 의견을 가진 청소년이 많을 수도 있다는 거 잖아?

현우 그런 면이 있지만 같은 의견을 가진 청소년이 적다고 단정할 수 도 없어. 선거권을 가진 어른들의 경우에도 모두가 정치 참여 욕구가 높 다고 할 수는 없잖아? 오히려 정치적 무관심이 문제라고 할 수 있지. 내 가 설문조사 결과를 보자고 하는 건, 청소년들이 정치에 참여하고자 하 는 의사가 어떤 식으로 표출되고 있는지 보자는 거야.

수호 그렇다면 그 점도 고려할 필요가 있겠다.

선거권이 없어 불합리한 대우를 받았다고 생각하는지에 대한 청소년 설문 결과

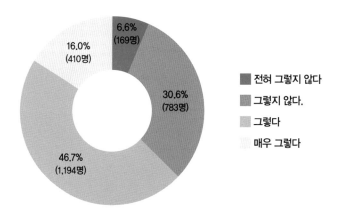

출처: 〈2016년 청소년 참정권 실태조사〉, 18세 선거권 공동행동 네트워크

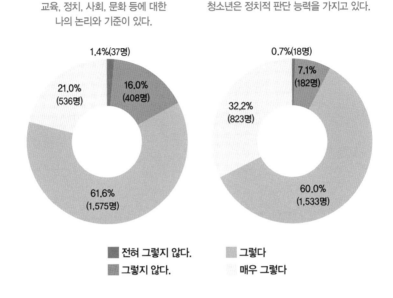

청소년의 정치적 판단 능력에 대한 청소년 설문 결과

교육, 정치, 사회, 문화 등에 대한
나의 논리와 기준이 있다.

청소년은 정치적 판단 능력을 가지고 있다.

1.4%(37명)
16.0%(408명)
21.0%(536명)
61.6%(1,575명)

0.7%(18명)
7.1%(182명)
32.2%(823명)
60.0%(1,533명)

■ 전혀 그렇지 않다.   ■ 그렇다
■ 그렇지 않다.   매우 그렇다

출처: 〈2016년 청소년 참정권 실태조사〉, 18세 선거권 공동행동 네트워크

🔵 **한우** 설문조사를 보면, 정치적 참여 권리와 관련해 선거권이 없어 불합리한 대우를 받았다고 생각한 청소년이 무려 62.7퍼센트나 돼.

🔵 **민주** 그래. 청소년이 원하는 건 연습용 민주주의가 아니라 자신의 권리를 행사할 수 있는 진짜 민주주의야.

다솜 오, 청소년의 82.6퍼센트는 교육, 정치, 사회, 문화 등에 대한 자신의 논리와 기준이 있다고 응답했네!

현우 청소년이 정치적 판단 능력을 가지고 있다고 생각하는 응답도 92.2퍼센트이고, 시민으로서 대표를 뽑는 권리를 보장받아야 한다고 생각하는 청소년도 91퍼센트나 돼. 이 정도면 정치적 주체로서 인식 수준이 얼마나 높은지, 또 얼마나 절실히 선거권 보장을 원하는지 알 수 있잖아? 정치 참여는 어른들에게만 중요한 게 아니야. 우리도 이 사회의 당당한 구성원이니까.

**청소년 권리
스스로 찾기**

논점 3: 정당 가입을 비롯한
민주주의 교육 환경

수호 요즘 선거법 개정안을 두고 선거 연령을 낮춰야 한다는 주장에 찬반이 팽팽히 맞서고 있더라. 진보적인 정당일수록 선거 연령 낮추는 데 적극적으로 찬성하는 편이고. 나이가 어릴수록 진보적인 정치 성향이 강하다고 판단해서 자신들의 정치적 입장에 유리하다고 여기는 것 같아.

다솜 꼭 그렇게 받아들일 수는 없지. 인정받아야 할 것이 인정받도록 정치인들이 소임을 다 하는 게 그 자체로 문제는 아니니까. 물론 그 반대 입장도 마찬가지로 볼 수 있을 테고. 하지만 네 말대로 우리의 권리 인정 여부를 두고 정치인들이 서로 누구에게 유리한지 따지는 느낌이 들기는 해. 선거 연령이 정치적인 계산을 바탕으로만 논의된다면 그건 참 안타까운 일이겠지.

수호　갈수록 국민들이 정치에 관심이 없어지고 투표율도 낮아지니까, 선거 연령을 낮춰 많은 국민이 선거에 참여하고 정치적인 의견을 표현할 수 있도록 하는 거지. 세계의 여러 국가는 이미 18세 선거권을 정하고 있어.

현우　참정권은 민주주의의 가장 기본적인 원칙이니까 최대한 많은 국민이 참여하는 게 당연하지. 단순히 지지율을 계산해서 우리를 포함하거나 배제하는 건 옳지 않아.

민주　그런 전략적인 입장보다는 진정으로 청소년이 올바른 판단과 선택을 할 수 있도록 시민교육과 경험을 통해 지식을 쌓을 수 있는 환경을 만들어 주는 정책이 더 중요하다고 생각해.

현우　지난번 광장에 대통령 탄핵에 대한 메시지를 들고 모인 청소년들을 보면, 청소년들은 이미 충분히 자주적으로 사고하고 행동하는 거 같았어. 너희도 광화문에 다녀왔니?

다솜　그럼! 난 부모님과 함께 거의 매주 집회에 나갔어. 그런 역사적 순간에 나도 함께 목소리를 내고 힘을 보탤 수 있어서 굉장히 뿌듯하더라고. 평소에 대한민국 국민이라는 걸 실감한 적이 없었는데, 이번에는 정말 내가 대한민국의 주권자라는 걸 느낄 수 있었어.

광장에
헌법이 있었네요!

수호 나도 몇 번 참여했어. 교복 입은 여학생이 발언대에 올라 대중 앞에서 당당하게 자기 의견을 말하는데 정말 대단하더라. 형광등을 백 개쯤 켜 놓은 듯한 아우라가 느껴졌어!

민주 당당하게 주체적으로 자신의 의견을 주장하는 모습이 정말 멋있었겠어. 사실 나도 시위에 참여하면서 개인적으로 마음에 드는 정당에 가입하고 싶었는데, 연령 제한이 있더라고. 선거권이 없으면 정당 활동이라도 보장해야 하는 거 아니야?

현우 내 말이 그 말이야. 정당 활동은 선거권의 행사와는 다르게 간접적으로나마 자신의 의견을 표현할 수 있는 정치적 활동의 하나인데, 그마저도 가입에 연령 제한을 두고 있어.

다솜 정당이란 선거에 후보를 내보내고 특정 정책을 지지하는 활동을 하기 위한 단체인데, 선거권이 없는 청소년들에게는 이런 정당 활동이 별다른 의미가 없다고 판단해서겠지?

민주 의미가 없다니? 미성숙하다는 이유로 청소년이 선거권을 갖지 못한다면, 정당 활동을 통한 민주주의 교육이 더욱 필요하다고 생각해. 아까 수호도 성인이 되기 전에 정치적 참여를 통해 얻을 수 있는 가치와 민주주의를 학교나 지역사회에서 충분히 경험하는 게 좋겠다고 했잖아.

현우 정당 활동은 민주주의를 학습하는 좋은 방법이지. 설문조사 결과를 보면, 정치적 참여를 높이기 위해서 청소년의 정당 가입이 가능해진다면 사회를 바라보는 시선이 넓어질 것이라고 생각하는가에 대한 질문에 청소년 응답자 88.7퍼센트가 긍정적이라고 응답했어.

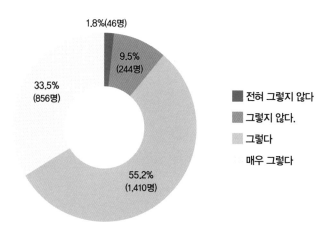

청소년 정치 참여가 사회문제 해결에 기여할지에 대한 청소년 설문 결과

청소년 정치 참여가 확대된다면 우리 사회의
다양한 문제가 해결되는데 도움이 될 것이다.

1.8%(46명)

9.5%
(244명)

33.5%
(856명)

55.2%
(1,410명)

■ 전혀 그렇지 않다

■ 그렇지 않다.

□ 그렇다

매우 그렇다

출처: 〈2016년 청소년 참정권 실태조사〉, 18세 선거권 공동행동 네트워크

다솜 우리는 민주주의를 말 그대로 교과서로만 배우는구나. 정치적인 참여에 대한 욕구는 엄청나지만, 현실에서 실현시킬 기회는 터무니없이 부족하니까.

수호 그러고 보면 교육감 선거는 청소년의 삶과 매우 가까이 연관되어 있는데 우리에게 선거권이 없다는 게 너무 이상해. 할머니, 할아버지, 자녀가 없는 우리 옆집 부부도 투표하는데 말이야. 적어도 우리가 직접적으로 연관된 교육정책과 인물에 대해서는 선거할 수 있도록, 교

육감 선거만이라도 연령을 조정하면 어떨까?

현우 좋은 생각이야. 이제야 말이 통하는군. 난 더 나아가 청소년에게 피선거권도 주어져야 한다고 생각해. 모든 청소년에게 선거권이 생겨서 청소년 대통령이 당선되는 모습을 상상해 봐. 내가 청소년 대통령이 되면 수업 시간도 줄이고 원하는 수업을 골라서 듣도록 할 거야.

다솜 하하. 정말 못 말려. 뭐, 꿈은 자유니까. 나도 가끔 상상해 보는 건데, 청소년 대표를 국회로 보내 10대를 위한 법을 만들면 좋겠어.

현우 그래. 우리처럼 많은 청소년이 정치적 견해를 표현할 수 있는 여러 제도가 확대되기를 바라고 있어. 청소년도 삶의 과정에서 더욱 성장하고 발전할 가능성이 있다는 게 분명하다면, 청소년의 참정권 문제를 단순히 '미성숙'이라는 잣대로 판단해선 안 돼. 헌법은 국민이라면 누구나 참정권을 보장받는다고 선언하고 있어. 청소년 참정권이 최대한 보장받을 수 있도록 하루빨리 제도와 교육 시스템이 갖춰지면 좋겠다.

다솜 이번 토론은 간단히 '현실과 규정의 갈등'이라고 정리하면 될까? 지금의 법 질서에서는 주권 행사를 위한 정치적 활동은 19세 이상이어야 가능해. 이것을 국회가 입법을 통해 확인하고 헌법재판소가 합헌 결정을 함으로써 정당성을 다시 확인했지. 하지만 헌법을 문자 그대로 보면 나이가 많고 적은지를 묻지 않고 있어. 또 청소년 스스로가 정치적 목소리를 내고 싶어 하고, 세계적인 추세도 점점 더 낮은 연령에까지 선거권을 부여하면서 정치 활동에 참여하도록 하고 있어.

민주 맞아. 그리고 연령 규정의 필요성 자체를 부정하지 않는다면 선거 연령을 1년 더 낮추는 게 현재의 헌법 질서에 맞는지 고민해야 할 거야. 청소년, 특히 만 18세 또는 그보다 어린 청소년이 미성숙한지, 민주주의와 보통선거 같은 법 원칙에 더 부합하면서도 관련되는 문제를 적게 만들 방법은 무엇인지 함께 고민해야겠지.

현우 이 문제가 때로는 어느 정당에 더 유리한지를 고려하는 바탕에서 이야기되기도 했지만, 우리는 우리대로 이야기를 계속해 보자. 민주주의는 경험과 훈련의 결과이니까, 우리의 이야기도 민주 시민이 되어 가는 밑거름이 될 거야. 오늘 토론은 내가 정리할게.

○ 헌법은 "대한민국의 주권은 국민에게 있고, 모든 권력은 국민으로부터 나온다."라고 말하고 있지만, 국회는 공직선거법을 통해 선거권의 연령을 19세로 정했고 헌법재판소도 이 법의 합헌성을 확인했다. 이로써 전체 인구의 20퍼센트에 이르는 19세 미만의 청소년은 미성숙을 이유로 선거권을 제한받으며, 자신의 의견을 투표로 표현할 수 없다.

○ 선거 연령 기준은 사회적이고 문화적인 합의가 반영된 것으로, 신체적으로나 정신적으로나 일반적으로 갖추어야 할 사고 수준과 능력을 갖춘 것으로 인정되는 나이를 법으로 정해 놓은 것이다. 청소년 참정권에 회의적인 입장은 독자적으로 법률 행위를 할 수 있는 성인 기준과 비교해 19세 선거권은 바람직하며, 개인의 개별적인 성숙도를 법으로 평가할 수도 없을뿐더러 비효율적이라고 주장한다.

○ 그러나 선거권은 민주주의의 가장 핵심적인 권리로서 누구에게나 차별 없이 행사할 수 있어야 한다. 선거권을 성숙도와 사고력 수준을 기준으로 행사할 수 있게 한다면 치매가 있는 사람이나 문맹자의 선거권을 제한하는 근거가 될 수 있으며, 이는 민주주의가 추구하는 차별 없는 선거권에 반하게 된다.

○ 청소년 참정권에 회의적인 입장은 우리나라는 수직적이고 유교적인 사회문화 때문에, 보호자나 선생님에 대한 청소년의 의존도가 높아서 자주적인 선거권 행사가 어려울 것이라고 주장한다. 반대의 입장에서는 이러한 사회적 문제는 개선되어야 할 사안이지, 이를 이유로 청소년의 기본권이 침해되어서는 안 된다고 주장한다.

○ 청소년의 정치 참여 욕구는 높지만, 이를 실현시키기에는 권위적이고 비민주적인 사회 분위기가 장애가 되고 있다. 선거 연령을 낮출 뿐만 아니라 청소년들이 민주주의 제도를 경험할 수 있도록 교육 시스템을 갖춰야 한다. 선거 연령을 기준으로 한 정당 가입 연령 또한 개정되어야 한다.

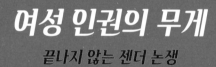

셋째 모임

여성 인권의 무게

끝나지 않는 젠더 논쟁

어떤 일이 벌어지고 있을까?

2016년 어느 평범한 날. 강남역 인근 건물의 공용 화장실에서 한 남성이 대기하고 있다가, 남성 여섯 명은 그냥 보내고 그다음에 들어온 처음 본 여성을 잔인하게 살해한 사건이 있었습니다. 이 남성은 범행 동기에 대해 "여자들이 나를 항상 무시했기 때문에 범행을 저지르게 됐다."라고 진술했습니다. 이 사건으로 살해 현장 인근의 강남역 10번 출구에는 피해자를 추모하는 국화와 쪽지가 끝없이 이어지고, 여성 혐오가 사회적 문제로 떠올랐습니다. 쪽지에는 '여자라서 우연히' 살해당한 여성을 추모하고 자신도 우연히 살아남은 한 목숨이라는 글이 적혔습니다.

'묻지마 살인'이 아닌 '여자라서' 살해된 것입니다.
그곳에서는 '여자'가 아닌 '사람'으로 살아가기를.
여성인 누군가를 대신해서 죽은 당신을 기억하겠습니다.

"전 운이 좋아서 남자로 태어났을 뿐입니다."라며 동조하는 남성들의 목소리도 있었지만, 추모의 분위기가 뜨거워지고 여성 혐오 문제가 사회적 이슈가 되자 반작용도 만만치 않았습니다. "남자라는 이유로 잠재적 범죄자 취급을 받는 것은 억울하다. 정신병자가 저지른 일을 여성 혐오 문제로 보는 것은 사건을 너무 비약하는 것이다."라며 오히려 남성 혐오를 주의해야 한다는 목소리까지 나왔습니다.

19대 국회부터 꾸준히 제안된 데이트폭력 관련 법안도 뜨거운 이슈입니다. 이 법안은 흔히 '한국판 클레어법'이라 불립니다. 2009년, 클레어 우드라는 여성이 남자 친구에게 잔인하게 살해되는 사건이 영국에서 일어났습니다. 살해되기 전, 클레어는 경찰서를 찾아가 도움을 청했지만 경찰은 적절한 대응을 하지 않았고, 결국 클레어는 희생되고 말았습니다. 이후 그녀의 남자 친구가 과거에도 수차례 자신의 파트너를 폭행한 전과가 세간에 드러나면서 엄청난 파장을 몰고 왔습니다. 이에 2014년 잉글랜드와 웨일즈를 시작으로 2018년까지 영국 전역에서 관련 대응을 하고 있습니다.

이 정책은 데이트 상대의 폭력 전과를 조회할 수 있게 해 줍니다. 또 경찰이 폭행 위험이 있는 상황을 인지했다면 당사자의 요청이 없더라도 데이트 상대의 폭력 전과를 미리 알려 줄 수 있게 합니다. 다만 모든 경우가 공개의 대상이 되는 것은 아닙니다. 지역정보공개 결정위원회를 구성해 합법성과 필요성을 두루 검토한 후에 공개 여부를 결정하도록 하고 있지요. 상대적으로 물리적인 힘이 약한 여성이 상대방의 폭력 전과를 조회할 가능성이 많기 때문에 이 정책의 적용 대상이 남성에만 해당하는 것으로 생각할 수 있습니다. 그래서 이 정책이 여성의 관점에 치우친 것이라며 반감을 표현하는 남성들이 있습니다.

그 밖에도 여성안심귀가, 여성안심주택, 여성안심서비스 등 여성배려 정책이 여성을 지나치게 우대해 남녀 갈등을 조장한다고 말하기도 합니다. 특히 채용에 있어서 여성을 일정 비율 이상으로 고용한다거나 우대하는 정책은 능력으로 선택받을 권리를 침해하는 거라며 남성들의 반발이 큽니다.

마찬가지로 여성의 정치대표성 강화를 위해 19대 국회부터 꾸준히 공직선거법 개정안이 제출되고 있습니다. 그 모범 사례는 2000년 프랑스 남녀동수법인 이른바 '빠리테법'입니다. 프랑스는 법 제정을 통해 지속적인 성과를 보았고, 그 결과 2019년 기준 여성 의원 비율은 하원 39.7%, 상원 32.2%에 이르렀습니다. 첫 시도가 헌법재판소의 위헌 판단으로 가로막히자, 1998년 개헌을 통해 정책의 기반을 마련했습니다. 그럼에도 이 법안이 표결될 당시에는 많은 저항도 있었습니다. 여성을 지나치게 우대하는 이 법안 때문에 능력대로 선택되지 못하는 피해를 입을 것이라며 남성 의원들이 불만을 제기했다고 합니다. 이 법이 정말 어떤 차별을 부추기는 것일까요?

남성 중심적으로 굳어진 사회 구조와 관습, 사고방식이 여성에게 불합리하게 작용한 것에 대한 반성은 계속됩니다. 최근에는 낙태죄와 같은 오랜 법 규정 역시 반성적으로 검토할 대상이 되곤 합니다. 우리 형법은 태아의 생명과 임부의 신체를 보호하고자 낙태를 처벌하고, 이를 도운 의료인 등도 처벌하도록 규정하고 있습니다. 이처럼 낙태는 원칙적으로 금지되지만, 모자보건법에서 예외적으로 낙태가 허용되기도 합니다.

그동안 낙태죄는 헌법재판소에서 두 차례 다뤄졌습니다. 2019년 4월 헌법재판소는 현행 낙태죄가 임산부의 자기결정권을 지나치게 제한한다며 헌법불합치 결정을 했습니다. 지난 2012년 합헌 결정이 내려지고 7년이 지나 견해를 바꾼 것이지요. 이번 결정은 낙태죄 자체가 위헌이라기보다는 임신 초기의 낙태까지 무조건 금지한 것을 문제 삼았습니다. 헌법재판소의 결정에 따라 국회는 2020년 12월 31일까지 임신 초기의 낙태는 되도록 허용하는 방향으로 개정을 해야 했지만, 그해 연말에서야 추진된 법률안이 제때 통과되지 못하는 일이 벌어졌습니다. 그렇게 우리 형법에서 낙태죄는 자동 폐기되었습니다. 여성계에서는 '낙태죄 없는 2021년'을 기념하며 이제는 본격적으로 재생산권을 논할 때라고 반겼습니다. 그러나 낙태죄 문제가 그리 간단한 것은 아니고, 국회의 결단이 아닌 시한 문제로 폐기된 것이라 언제든 다시 입법될 수 있습니다.

따라서 낙태죄 찬반론이 가진 문제의식은 여전히 논란거리일 것입니다. 낙태를 허용하든 처벌하든 태아와 임부 중 누군가는 불이익을 받게 됩니다. 낙태죄를 둘러싼 계속되는 논쟁 속에서 우리가 어떤 결단을 할 때 '옳음'에 더 가까운지 살펴봅시다.

사랑싸움을 주먹으로 하나요?

논점 1: 데이트폭력과 가정폭력전과공개제도

현우 오늘은 성 평등을 표방한 정책을 둘러싼 적합성과 필요성을 이야기하기로 한 날이네. 이거 꼭 논의해 봐야 할 문제야. 어제도 큰 사건이 뉴스에 나왔잖아.

민주 너도 뉴스 봤어? 헤어진 남자 친구가 여자 친구 집으로 찾아가 얼굴에 염산을 부었다며. 어떻게 그렇게 잔인한 짓을 할 수가 있어? 그것도 헤어진 여자 친구가 만나 주지 않는다는 이유로 말이야.

다솜 맞아. 현재 여자 친구는 중상을 입고 병원에 입원 중이래. 얼굴과 몸에 회복할 수 없는 상처를 입었다는데 정말 안됐어. 몸에 남은 상처보다 마음에 입은 상처가 더 클 거야.

민주 나라도 그럴 것 같아. 그 남자가 폭력 전과를 숨기고 또다시 연애를 시작한다면? 그 대상이 나라면? 어우, 끔찍해. 앞으로 누군가와 교제할 때 두려움이 앞설 거 같아. 이런 사건을 접할 때마다 느끼는 거지만 영국에서 시행하는 클레어법이 우리나라에도 절실히 필요해.

수호 교제 중인 상대방의 폭력 전과를 조회할 수 있게 하는 법 말이야? 물론 연인 사이에 발생할 수 있는 범죄를 예방하자는 차원에서 논의되는 건 이해해. 하지만 이 법은 헌법 제17조 사생활의 비밀과 자유에서 도출되는 개인정보 자기결정권을 침해할 우려가 있어. 뉴스를 보고 흥분해서 한쪽 면만 바라보지는 않았으면 좋겠어.

민주 한쪽 면만 바라보다니? 개인정보 못지않게 내가 교제하고 있는 상대방에 대해 알아야 할 권리도 보호해야 한다고 봐. 전과 기록을 조회하고 상대방과 관계를 계속 유지할지 말지는 각자 판단할 영역이겠지.

현우 흠. 일리가 있는 거 같아. 재산이나 학벌 같은 정보도 아니고 폭력 전과를 조회하는 거잖아. 엄연히 다른 정보일뿐더러 조회 후에 반드시 헤어져야 한다는 의무가 있는 것도 아니고. 이런 법이 만들어지면 데이트폭력 범죄가 줄어드는 데 도움이 되지 않을까? 데이트폭력은 대개 습관적으로 일어난다고 하니까 말이야.

수호 　데이트폭력이 습관적으로 일어난다고 해서 자신의 의사와 상관없이 범죄 기록이 공개될 수 있다는 건 다른 문제야. 이미 해당 범죄에 상응하는 형벌을 받았는데 자신이 교제하고 있는 상대에게 자신의 의사와 상관없이 범죄 기록이 공개된다면 이중 처벌 아니겠어?

다솜 　듣고 보니까 수호 말도 일리가 있는 거 같아. 데이트폭력은 연인 간의 사랑싸움이라고 쉬쉬하는 사회 분위기에서 이런 제도가 피해자에게 2차 피해를 주지는 않을까 걱정도 되고 말이야. 기존의 범죄 규정을 강화하는 방안이 현실적이지 않을까?

민주 　아니, 사랑싸움을 주먹으로 하는 사람이 어디 있어? 그동안 데이트폭력을 사적인 영역에서 발생하는 경미한 범죄로만 여겨 왔기 때문에 엄연히 범죄임에도 불구하고 다른 형사 사건과 동일하게 다루어지지 못했던 게 문제야. 이런 제도가 만들어지면 연인 간의 사적인 문제라고 치부했던 사회적 분위기도 변할 거라고.

수호 　연인 간 폭력도 범죄인 건 인정해. 그래서 다솜이 말이 설득력 있다고 생각하는 거야. 데이트폭력을 따로 취급하면 특수한 관계나 상황이 부각되어 면죄부로 작용할 수도 있어. 예를 들면 여자가 남자를 화나게 했다든가 왜 맞으면서도 헤어지지 못했냐는 특수성에 집중하게 되면서 폭력 자체가 부당하다는 본질이 보이지 않게 되는 거라고. 이 기회에 그동안 사회적으로 비난받아 마땅하지만 묵시적으로 용인되어 왔던 폭력이 법적인 제재 대상이 되어야 한다는 데는 동의해. 하지만 굳이 데이트폭력법을 제정하는 건 입법 낭비야.

현우 물론 원칙적이고 보편적인 차원에서 폭력 개념을 다시 세우고 기존 법률을 다시 정비하자는 이야기는 늘 옳지. 그런데 데이트폭력에만 적용되는 특수성이 있어. 주로 이런 사건은 과거 또는 현재의 부부나 연인 사이에서 발생하기 때문에 폭력이 장기적이고 밖으로 잘 드러나지 않아. 그래서 피해는 더 깊이 감추어져 있지. 긴밀한 관계로 얽혀 있어서 법적으로 해결하지 않으려는 심리도 작용하고, 보복 범죄가 발생할 가능성도 높아. 원론적으로 폭력 관련 범죄를 재정비하자는 대책이 효과적이지 못한 것도 이런 이유 때문이지.

민주 맞아. 영국의 '클레어법' 정책은 당사자뿐 아니라 제3자인 부모나 형제자매, 이웃, 친구도 정보공개 요청을 가능하게 만들었어. 경찰이 폭행 위험이 있는 상황을 인지했다면 당사자에게 데이트 상대의 폭력 전과를 미리 알려 줄 수 있게 했지. 가족이나 연인 간의 문제에 제3자가 개입하지 않는다는 사회적 분위기를 깨고 범죄를 예방하기 위해 모두가 노력해야 한다는 인식을 심었어.

다솜 아무래도 '클레어법'의 도입에 대한 우려는 상대방의 전과 조회를 허용할 것이냐에 집중되어 있는 것 같아. 당사자의 의사와 상관없이, 정부가 민감한 개인정보의 공개 여부를 결정한다는 점 때문이겠지? 그런데 데이트폭력법 제정에 앞서서 데이트폭력이 무엇인지에 대한 논의부터 필요한 거 같아. '데이트'라는 용어도 모호해. 사실 교제 관계는 부부 관계보다 애매한 부분이 많잖아. 어디서 어디까지를 교제 관계로 볼 것이며, 그걸 또 어떻게 증명해야 하지?

수호 데이트폭력 관련 법률안은 19대 의회부터 계속되었는데, 21대 국회에 제출된 '데이트폭력등 방지 및 피해자보호 등에 관한 법률안'에는 전과 공개에 관한 내용이 포함되지 않았어. 아무래도 좀 더 사회적인 논의가 진행된 후에야 가능하지 않을까 싶어.

현우 더 관심을 갖고 지켜봐야 할 사안인 거 같아. 법도 법이지만 사회, 문화적인 인식과 분위기도 함께 바꾸어 나가야겠지.

여성배려정책이
남성을 역차별한다고?

논점 2: 기울어진 운동장을
바로잡는 남녀동수법

민주 참, 수호야. 어제 지하철에서 민망한 일 있었다면서? 학교 게시판에 지하철 무개념남이라면서 네 사진 올라오고 난리더라. 도대체 무슨 일이 있었던 거야?

수호 말도 마. 어제 불금이라 밤 열 시까지 축구하고 집에 가는데 지하철에 사람이 너무 많은 거야. 그중 유난히 한산한 지하철 칸에 올라탔는데 알고 보니 여성배려칸이더라고. 술 냄새, 담배 냄새, 게다가 땀 냄새로 범벅인 다른 칸보다 훨씬 쾌적하기도 하고 너무 피곤해서 주변의 눈치에도 불구하고 집까지 간 게 다인데…….

다솜 교복까지 입고 뭐하는 거냐. 인터넷에 올라온 댓글들은 읽어 봤어? 땀 냄새가 진동하고, 코까지 골며 잤다면서? 무개념남 소리 들을 만

하다.

수호 내가 원래 그런 캐릭터는 아닌데 어제는 진짜 피곤했어. 정말 힘든 날이었다고. 누구를 배려할 수 있는 상황이 아니었어. 성별을 떠나서 몸이 힘들면 앉아서 가고 싶잖아. 지하철 여성배려칸, 여성안심귀가, 여성안심서비스 같은 여성배려정책으로 여성 대상 범죄를 예방하고 안전을 지킨다는 취지는 물론 이해해. 하지만 이런 정책이 많아질수록 남성들의 반감이 커지는 것도 사실이야.

현우 너 괜히 민망해서 그래? 반감을 갖는 사람의 생각이 잘못된 거지. 네가 말한 정책들은 여성들 기분 좋으라고 해 주는 서비스가 아니잖아.

수호 민망해서 그러는 거 아니거든? 이 문제는 아까 이야기한 '클레어법'에도 해당하는 거야. 정보공개 신청자가 반드시 여성이어야 한다는 조항은 없지만 적용 대상자는 주로 남성이 되는 거잖아. 마치 여성을 편들기 위해 만들어진 법 같아. 가령 경제 범죄 전과가 있다고 해서 계약 시에 경제 범죄 전과가 공개되지는 않잖아?

다솜 수호가 생각하는 맥락은 알겠어. 그런데 너무 편 가르기 논쟁으로 흐르는 건 아닐까? 지난번 강남역 인근 건물의 화장실에서 일어났던

살인 사건 때 말이야. 그때 추모 분위기가 커지면서 여성 혐오에 대한 문제 제기가 많아지니까 여성과 남성의 목소리가 편 가르기처럼 변했잖아. '여성 혐오는 안 되면서 남성 혐오는 되느냐'고 말이야. 물론 현재로선 남성 혐오가 개념적으로 성립하기 어렵고, 같은 차원의 문제로 끌어내려 둘 다 나쁘다고 하는 태도는 문제겠지. 하지만 생각해 보면 이런 남녀 편 가르기 논쟁은 없는 곳이 없어. 도처에 존재하는 거 같아. 남녀를 떠나 그냥 사람의 문제로 이해하면 안 되는 걸까?

민주 내 생각에는 고용에 있어서 여성을 우대한다거나 일정 비율로 여성을 채용하게 하는 정책에 남성의 반발이 더 심한 것 같아. 요즘 취업도 어렵고 스펙을 위한 경쟁도 치열하다 보니 그런 거겠지. 하지만 지금까지 노동시장과 환경이 남성 친화적으로 짜여 있었고, 운동장은 남성 쪽으로 기울어져 있잖아. 이제야 기울어진 운동장을 바로 세우기 시작하는 건데 여성 편들기라니 말도 안 돼.

현우 오른손잡이가 중심인 세상에서 오른손잡이는 불편함을 전혀 못 느끼잖아. 마치 기존 제도들이 오른손잡이용 물건 같은 거라고 이해하면 될까? 우리가 당연하게 생각했던 제도들도 생각해 보면 당연하지 않은 게 많아. 여성배려정책은 그동안 여성들이 불합리하다고 또는 불편하다고 느꼈던 것들을 조정하는 장치라고 생각해. 남성이 억울해 할 문제가 아니야.

민주　현우가 든 비유, 정말 탁월하다. 귀에 쏙쏙 들어오는데? 맞아. 오른손잡이가 왼손잡이의 불편함을 어떻게 알겠어. 그래서 프랑스에서는 선출직 공무원을 뽑을 때 정당이 남성 후보와 여성 후보의 수를 같게 해서 공천하도록 하고 있대. 여성 국회의원이 아무래도 여성의 고충을 더 잘 이해하지 않겠어?

수호　잠깐만. 여성 대표가 반드시 여성의 문제를 잘 이해하라는 법도 없지만 국민의 의견을 수렴하는 대표를 뽑는 데 남녀를 구별하는 게 더 이상하지 않아? 우리는 남성 대표와 여성 대표를 따로 뽑는 게 아니잖아. 이거야말로 남녀 편 가르기 아냐?

다솜　대의제 원칙에 따르면 선거로 뽑힌 대표는 자신에게 권한을 위임한 국민에게 기속되지 않고 국민 전체를 대표하도록 하고 있잖아. 그런데 여성인 대표가 집단으로서의 여성을 대표하길 기대한다는 건 상반되는 얘기 같은데? 보편적이면서 특별하게 대표하라는 건가? 천천히 빨리 오라는 말이랑 뭐가 달라?

현우 오늘날에는 대의제 원칙에 벗어난 현상이 많아져서 대의제 원칙에도 수정이 이루어지고 있어. 이건 세계 여느 국가에서도 일어나는 일이야. 대의제 원칙 아래 선출된 대표가 보편적 인권에 기대 모든 국민을 대표할 수 있다는 생각은 환상에 가까워. 현대에 와서는 현대에 맞게 구체성을 보충할 수 있는 대의제를 운용해야지.

민주 그래, 구체성에 대한 요구가 괜히 나온 게 아니니까. 그동안 대의제 원칙에서 뽑힌 대표가 보편적 의사 결정을 내렸다면 여성들이 불만을 갖지 않았을 거야. 솔직히 인정할 건 인정해야지. 같은 일을 하면서도 여성이 남성에 비해 낮은 임금을 받는 문제나 승진 기회가 적어서 임원이나 고위 관료가 되기 어려운 문제는 어떻게 설명할 수 있겠어?

수호 굳이 출산과 육아를 경험한 여성 국회의원 개인의 경험이 아니더라도 의회의 하부나 집행부에는 정책을 결정하기 위한 연구나 조사 시스템이 있어. 구체성에 너무 집착하게 되면 차이가 부각돼서 반감만 일으킨다니까. 민주 네 말대로라면 대통령도 남자 한 명, 여자 한 명씩 뽑아야겠네?

현우 오, 그것도 좋은데? 대통령도 남녀 둘을 뽑으면 민주랑 나랑 출마해야겠다. 이로써 나의 정치적 동반자를 얻었군. 든든하다.

다솜 야, 나 좀 서운해지려고 그런다. 왜 난 아니고 민주랑 둘이 출마한다고 그래? 그리고 정당 체제에서는 능력 있는 인재를 공천할 정당의 권리가 있는데, 남녀동수법은 이러한 정당의 자유를 제한하는 거 아니야? 능력 있는 인재라면 남녀 구분 없이 등용해야 하는 거잖아. 정당이 추구하는 목표나 이념에 적합한 인재를 선발하는 데 남성과 여성의 수를 정해 놓는다고 생각해 봐. 능력이 부족하거나 정당의 목표와는 거리가 먼 인재를 공천해야 하는 경우도 생길 거야. 이게 정당의 공천권을 침해하는 게 아니고 뭐겠어.

수호 정당의 공천권을 침해하면서까지 남녀동수로 공천해야 하는 걸까? 아니면 일부를 여성에게 할당하고 나머지 자리에 남자든 여자든 능력 있는 인재를 공천하도록 하면 되지 않나?

현우 할당제로는 역부족이지. 우리나라도 비례대표 공천에서는 여성 할당제를 실시하고 있잖아. 이거야말로 '배려' 차원이지, 본질적으로 피선거권의 평등한 분배는 아니라고 봐. 프랑스에서는 남녀동수법을 차츰 지역선거에까지 확대하고, 선출직이 아닌 집행부에도 적용하도록 하고 있어.

민주 물론 처음에는 정치 경력이나 능력이 기존 남성 정치인에 비해 부족할 수도 있겠지. 하지만 기울어진 운동장에서 정치 경력과 능력이 부족하다는 이유로 여성은 줄곧 유권자이기만 했지, 피선거권자인 적은 없었어. 정말 여성이 능력이 부족한지는 평평한 운동장에 서 봐야 알지 않겠어? 이건 그냥 평평한 운동장을 만드는 기초 작업일 뿐이야.

다솜 프랑스에서 남녀동수법을 시행하던 초기에는 정당이 여성 후보자를 찾느라 애를 먹었다고 해. 그마저도 부모님이나 남편의 선거구를 이어받는 경우라든가 전문직 여성이 대부분이었다니, 여성이 얼마나 피선거권에서 소외되었는지를 알 수 있어.

현우 난 우리나라에도 남녀동수법을 도입해야 한다고 생각해. 남녀동수법은 정치나 경제, 사회와 문화 각 영역에서 성별과 종교 혹은 사회적 신분으로 차별받지 않는다는 헌법 정신을 구현하기 좋은 방법이 될 것 같거든. 여성이란 이유로 같은 일을 하고 돈을 적게 받거나 능력이 있어도 일정 수준 이상으로 승진할 수 없는 직장 내 구조적인 문제도 직접 나서서 해결할 수 있잖아.

**여성 인권은
누구의 편인가요?**

논점 3: 자기결정권과 낙태죄

민주 헌법재판소가 2019년 4월 형법의 낙태를 한 여성을 처벌하는 자기낙태죄 조항과 낙태수술을 시행한 의료인 등을 처벌하는 업무상 낙태죄 조항의 위헌을 확인했어. 헌법재판소가 2012년에 낙태죄 합헌 결정을 내린 것과는 달리 이번 결정에서는 그동안 성장한 여성 권익에 대한 사회적 공감대가 반영되었다는 평가를 받고 있는데, 다들 어떻게 생각해? 드디어 여성의 몸이 낙태죄라는 구속에서 벗어나 스스로 임신과 출산에 대한 결정을 내릴 수 있게 되었어.

다솜 글쎄, 구속에서 벗어났다는 표현은 지나친 거 같아. 그렇다고 이번 헌법재판소 결정이 무분별한 낙태를 허용하는 것은 아니잖아. 엄연히 태아도 생명이고 국민의 일부로서 국가의 보호를 받아야 할 권리가 있어. 모자보건법에서는 필요하다면 예외적인 상황에서 인공임신중절수술을 하도록 하잖아. 법이 허용하는 것 이외의 불법적인 수술은 처벌받아야 마땅해. 오히려 처벌을 강화해 불법적인 낙태수술부터 여성의 모성과 태아의 생명 보호를 강화할 필요가 있다고 생각해 왔는데, 그런 점에서 이번 헌법재판소의 헌법불합치 결정은 실망스러워. 태아도 생명인데 살아 보지도 못하고 죽는 건 너무 불쌍해.

수호 모성과 태아의 생명권에 대한 헌법적 논쟁은 아주 오래전부터 계속되고 있어. 내 생각에는 수정에 성공해 자궁에 착상한 뒤부터는 인공적인 유산 행위는 생명을 침해하는 범죄인 것 같아. 낙태해서도 안 되고 낙태하게 해서도 안 되는 일이야. 1953년부터 시행된 이 법 조항이 이번 결정으로 사라지게 되어 안타까웠어. 신장된 여성 인권의 변화를 인정하는 사회적 분위기가 이번 판결에 영향을 미친 거라고들 말하는데, 태아의 생명을 보호하고자 하는 내 생각이 옛날 사고방식을 고수하는 시대착오적인 걸까?

현우 수호 생각이 시대착오적이라기보다는, 어쨌거나 우리 모두 여성과 태아의 권리는 보장되어야 한다고 생각하잖아. 다만, 낙태 금지를 둘러싼 논의를 한 발짝 물러서서 보면 태아에 대한 존중은 있을지언정 여성에 대한 존중이 없었다는 데 문제가 있던 거지. 정작 당사자인 여성을 두고 왈가왈부하잖아. 태아의 생명은 소중하네, 아무리 엄마라도 태아의 생명을 침해할 수 없네 하면서 말이야. 그렇다면 여성의 삶은 정부,

의료인 또는 남성이 침해할 수 있는 거야?

민주 모성 운운하면서 여성을 죄인으로 만드는 말은 삼가. 여성의 삶에서 임신하고 출산하고 또는 임신을 중지하는 일은 누구에게라도 얼마든지 일어날 수 있는 일이야. 이러한 사안에 당사자의 결정보다 중요한 게 도대체 뭐야? 그렇다고 우리 사회가 결혼하지 않고 출산한 여성에 대한 지원이 충분한 것도 아니잖아. 사회적으로 미혼모라 손가락질하기 일쑤고, 살인을 저지른 죄인과 미혼모, 둘 중에 하나만 결정할 수 있는 거라면 여성 인권은 사실상 없는 거나 마찬가지 아니야?

다솜 여성의 자기결정권이 존중되어야 한다는 데는 동의하지만 태아의 생명권은 더 중요하잖아. 여성의 자기결정권을 덜 제한하면서 태아의 생명권을 보호한다는 것은 애초에 불가능한 일이야. 죽느냐 사느냐의 문제를 무엇과 비교할 수 있겠어. 태아는 배 속에 있을 뿐, 살아 있는 생명이라고. 헌법재판소는 절충안으로 22주라는 기간을 제시했지만, 그런 면에서 나는 인공임신중절수술이 가능한 기간을 정해 놓은 것도 반대야. 생명은 태아부터 쭉 살아 있는데 사람들이 임의로 어느 한 시점을 정한 거잖아.

수호 맞아. 낙태 옹호론자들이 태아를 독립적으로 인정하고 있지 않는 게 문제야. 시점의 문제도 그래. 우리나라는 모자보건법상 24주 이내, 미국은 23주, 영국과 프랑스는 각각 24주와 12주로 낙태가 가능한 기간이 정해져 있어. 태아의 생명이 국가마다 다른 것도 아닌데 억지스러워. 태아나 출생한 사람이나 똑같이 헌법이 보호해야 할 생명권의 주체인데, 보호 필요성과 정도를 따진다는 게 받아들이기 힘들어.

현우 생명은 언제나 소중하지. 태아의 생명도 마찬가지고. 그런데 루마니아의 사례를 주목할 필요가 있어. 루마니아에서는 1966년부터 1989년까지 '낙태금지법'이 시행되었는데, 이 법이 시행된 뒤로 낙태로 인한 임부 사망비가 크게 높아졌어. 1989년 12월 혁명으로 낙태금지법이 폐지된 후에는 사망자 수가 절반으로 줄었지. 이 통계는 낙태금지법 때문에 불법적인 인공임신중절수술을 받아 숨진 여성의 수를 보여 줘.

민주 　바로 이런 이유로 여성의 자기결정권이 태아의 생명권보다 가볍다고 말할 수 없다는 거야. 낙태금지법을 만들어 엄격하게 집행한다고 해서 낙태율이 떨어질 거라고 장담하다니, 아주 일차원적인 생각이야. 아이를 낳아 키울 여건이 갖춰지지도 않았는데 무조건 낙태를 금지하니 여성은 목숨을 담보로 불법적인 수술을 감행할 수밖에 없는 거라고.

현우 　실제로 루마니아에서 낙태금지법을 시행한 계기는 제2차세계대전 이후 줄어든 인구를 늘리기 위해서였어. 피임 도구의 판매를 금지하고 중학생의 출산을 장려하는 등 출산을 권하다 못해 강요하는 정책까지 시행했어. 당시 여성들의 직장에 찾아가 임신 여부를 검사하는 '생리경찰'까지 있었다고 해. 아주 경악스럽지 않아?

수호 　잔인하긴 해도 이건 냉전시대 독재자들이 만든 정책이랑은 전혀 달라. 생각해 봐. 우리나라도 출산율은 점점 낮아지고, 고령화 사회로 접어든 지는 오래됐어. 요즘에는 어른들이 아이도 낳지 않으려고 하고, 결혼을 하는 나이가 예전보다 훨씬 높아졌대. 아예 결혼을 안 하겠다고 나선 '비혼족'들도 늘어나는 추세고. 노동이 가능한 인구는 줄고, 부담은 커지고……. 큰 문제야.

민주 노동가능인구도 늘리고, 국가경쟁력을 높이기 위해 출산율을 높여야 한다, 뭐 이런 얘기니? 보건복지부 개정안에 여성들이 화가 난 게 바로 이런 이유잖아. 언제는 둘만 낳아 잘 기르자고 하더니, 하나만 낳자고 하다가 저출산이 문제되니까 아이를 낳으면 돈을 주고 말이야. 여자가 애 낳는 기계도 아니고. 지난번에는 전국의 가임기 여성 지도를 만들더니 이제는 인공임신중절수술을 하면 강하게 처벌하겠다고 협박하는 거잖아. 국가가 나서 여성의 임신과 출산에 대한 권리를 통제하는데 루마니아 상황이랑 다를 게 뭐야?

다솜 그래도 난 임신과 출산은 장려할 일이라고 생각해. 원치 않는 임신을 한 경우라도 아이가 태어나서 행복하게 자라날 수 있도록 하는 게 우선인 거 같아. 육아 부담을 덜어 주는 제도를 만들고, 아이가 차별과 소외 속에 살지 않게 인식과 문화를 바꿔 나가야 해. 단순히 낙태를 결정할 수 있게 만드는 건 아니라고 봐.

수호 임신과 출산 그리고 육아가 많은 부분 여성에게 부담 지워진 건 사실이야. 더욱이 결혼하지 않은 여성에게 출산은 더욱 쉽지 않은 결정이겠지. 여성에게만 이런 부담을 지우지 않고 남성과 나눌 수 있도록 하는 정책들이 마련되어야 할 거야.

민주 수호야, 넌 그럼 앞으로 지하철에서 여성배려칸에는 타도 임산

부배려좌석에는 절대로 안 앉겠네?

현우 민주야, 그만 놀려. 설마 또 그러겠어? 오늘 토론하면서 여성 인권 운동에 대해 공부도 많이 했잖아. 하하.

수호 응. 생각해 보면 나뿐만 아니라 많은 남성이 여성배려정책에 반감을 갖고 있어. 그런데 이런 반응이야말로 자신에게 유리한 기존 질서에 집착한 결과일 거야. 이제라도 바로잡아야겠지. 여성 친화적인 정책 앞에 붙어 있는 '배려'라는 수식어도 이제 권리로서 받아들이는 게 좋을 거야.

다솜 맞아. 여성 인권은 특혜를 주자는 것이 아니라 여성도 남성처럼 주체적인 삶을 누리도록 노력하자는 거잖아. 교육과 고용, 경제적 지위 등에 있어서 차별 없이 동등한 기회를 갖도록 말이야. 그동안 이런 노력이 결실을 맺을 때도, 좌절을 맛봐야 하는 때도 있었어. 어느 한쪽이 지배하거나 지배받는 것이 아닌 서로를 존중하는 질서를 만들기 위해 모두가 노력해야 할 거야. 이번 보고서는 내가 쓸게!

○ 주로 부부나 연인 사이 또는 과거에 그러한 사이였던 관계에서 오랫동안 감추어진 채로 가해지기 쉬운 데이트폭력은 법적 처벌에 있어서도 미온적이기 쉽다. 그렇기 때문에 데이트폭력을 처벌하는 특별법이 마련되어야 한다는 목소리가 높다.

○ 한편에서는 연인 간 폭력도 엄연히 범죄인데 데이트폭력을 분리해 특별하게 규정하는 것은 과잉 입법이며 오히려 특수한 관계나 상황 등이 부각되어 가해자에 면죄부로 작용할 우려가 있다고 주장한다.

○ 영국의 클레어법은 데이트폭력을 연인 간의 사적인 문제로 치부했던 사회적 분위기를 깨고 범죄 예방을 위해 모두가 노력해야 한다는 인식을 심었다. 그러나 당사자의 의사와 상관없이 범죄 기록이 공개되기에 개인정보 침해의 소지가 있으며 이미 받은 형벌과는 별도의 권리 침해이므로 이중 처벌의 성격이 있다.

○ 고전적인 대의제 원칙에 따라 선출된 대표는 유권자 개인이 아닌 전체를 대표하고, 이들은 위임에 기속되지 않는다. 따라서 선출된 대표가 남성이든 여성이든 자신이 속한 특정한 집단이 아닌 유권자 전체 의지를 파악하고 보편적인 의사에 따라 정책을 결정해야 한다. 선거에서 반드시 남녀동수로 공천하도록 하는 것은 이런 대의제 원칙에 어긋나는 것이다. 또한 정당의 이념과 목적에 맞는 인재를 선택할 공천의 자유를 침해하는 것이다.

○ 고전적인 대의제 원칙은 현대에 와서 직접 민주주의적 요소가 더해지면서 변형된 모습으로 존재한다. 보편적 인권을 강조하는 대표보다는 유권자의 구체성을 반영해 대의기관을 구성할 필요가 있다. 기존의 남성 중심적인 정치 구조에서 보편적 의지를 가졌을 것이라 기대되었던 남성 대표는 여성의 특수성을 고려한 제도나 정책을 실현시키지 못했는데, 남녀동수법은 이러한 정치 구조를 바로잡는 역할을 한다. 또한 실질적

남녀평등을 목표로 하는 남녀동수법은 정당의 공천권을 침해하는 것이 아니라 일부 제한할 뿐이며, 장기적으로는 여성 인재를 발굴하고 교육하는 데 도움이 된다.

○ 낙태 반대론자들은 원칙적으로 낙태는 금지되어야 하며 예외적인 상황에서만 일부 허용할 것을 주장한다. 이들의 주장에 따르면 태아도 엄연한 생명이며 태아의 생명권은 여성의 자기결정권보다 엄중한 권리이다. 그러므로 피임과 같은 사전적 조치가 더 강조되어야 하며 통상적인 낙태는 근절되어야 한다는 것이다. 또한 산모에게 낙태할 권리를 인정하기보다는 여성의 임신, 출산, 육아에 있어 부담을 덜어 줄 수 있는 제도들을 마련하는 것이 당연하다고 말한다.

○ 낙태 허용론자들은 낙태를 금지하는 것이 결코 여성 인권에 도움이 되지 않으며 오히려 여성들이 안전하게 인공임신중절수술을 받을 기회를 박탈해 건강과 생명을 위협한다고 주장한다. 이들은 태아의 생명권 못지않게 여성의 자기결정권을 보장해야 한다고 강조한다. 또한 여성의 임신과 출산, 육아는 스스로 결정할 문제이며, 인구정책의 도구가 되어서는 안 된다고 말한다.

○ 헌법재판소는 2012년 낙태죄에 대한 합헌 입장을 바꿔 2019년 4월 현행 형법상 낙태죄가 여성의 자기결정권을 침해한다면서 헌법불합치 결정을 내렸다. 두 번의 판결이 있었던 7년 사이에 여성의 임신과 출산에 대한 자기결정권과 여성 인권이 성장한 것으로 볼 수 있으나, 태아의 생명을 보호해야 할 국가의 의무도 존재하는 이상 여전히 전면적인 인공임신중절수술을 허용하는 일은 불가능하다. 입법권자들은 현행 낙태죄 조항의 효력이 끝나는 2020년까지 태아의 생명권과 여성의 자기결정권의 양립을 위한 현실적인 방안을 마련해야 했지만 기한이 경과하면서 낙태죄는 그대로 폐지되었다. 이를 두고 여성계에서는 본격적으로 '재생산권'을 논해야 한다는 입장이지만, 국가의 생명보호 의무가 여전한 헌법 질서에서 낙태죄를 부활시키는 입법도 얼마든지 가능하다. 현재의 논의를 따라가며 앞으로의 더 나은 방안을 계속 고민해야 한다.

넷째 모임

제복을 입은 따돌림

군 폭력과 부적응

어떤 일이 벌어지고 있을까?

대한민국에 살면서 국방에 대해 생각해 보지 않은 사람은 드물 겁니다. 초등학교 때부터 안보 교육을 받고, 뉴스는 군사적 위기 상황을 자주 보도하기 때문입니다. 남성은 군 입대에 대한 걱정을 해 보았을 것이고, 여성도 때마다 살아나는 '군 가산점' 문제에서 자유롭지는 못할 겁니다. 또 직업군인에 대한 관심도 높아지면서 일상에서 떠오르는 군대에 대한 생각이 병역의 의무에만 머무르지도 않습니다.

특히 수호와 다솜이는 군에 각별한 관심을 가지고 있습니다. 수호네 집안은 대대로 해병대에 복무했습니다. 할아버지는 월남전에 참전하셨고, 아버지는 특수수색대 출신입니다. 수호는 팔각모에 빨간 명찰을 동경하며 자랐습니다. 다솜이는 전투기 조종사가 꿈입니다. "대한민국을 지키는 가장 높은 힘"이 되어 영화 속 조종사처럼 멋지게 하늘을 날고 싶어 하지요.

　그런데 가끔은 수호와 다솜이 모두 조심스러워질 때가 있습니다. 종종 들려오는 휴전선 인근에서의 국지전 소식 때문도 아니고 북한의 미사일 발사와 강대국의 개입 때문도 아닙니다. 그건 군대에 적응을 하지 못했다는 사람들의 이야기, 구타와 가혹행위에도 불구하고 아무런 도움을 받지 못했다는 사람들의 이야기가 들려올 때입니다.

　군인도 제복을 입었을 뿐 우리와 같은 시민이라는 의식이 커 가고, 군 인권 개선을 위한 제도적 노력도 계속되고 있습니다. 2008년에 국가인권위원회와 국방부가 《국군 인권 교육 교재》를 교관용 교육지도서로 개발했고, 최근에는 공동으로 인권 교육을 하기도 했습니다. 이러한 노력은 어느 정도 성과를 보이며 점진적인 병영 문화 개선으로 이어지고 있습니다. 이미 육군 폭력은 2000년대에 들어서며 전반적으로 없어진 듯합니다. 구타와 가혹행위의 대명사처럼 여겨지던 의경 폭력도 2000년대 후반에는 거의 사라지면서 의경 지원율도 높아졌지요.

2016년 국가인권위원회에서 〈군대 내 구타·가혹행위 및 보호관심병사 관리체계 관련 직권조사〉 결과를 발표했습니다. 동시에 국방부 장관에게 군대 내 구타·가혹행위 등 병영 악습 개선과 인권 친화적 병영 문화 정착을 위한 권고를 하기도 했습니다. 국방부도 수용 입장을 밝혔습니다. 최근에는 사병의 휴대전화 사용과 일과 후 외출을 확대해 나가는 적극적인 모습을 보여 주고 있지요.

혹자는 요새 군 생활이 편해졌다며 비아냥거리고, 인권의 강조로 군 기강이 풀어져 전투력 약화로 이어질지 모른다고 걱정합니다. 다른 한편으로, 군의 자체적인 노력에도 불구하고 여전한 군 폭력 보도는 폭력을 근절하는 것이 쉽지 않음을 보여주고 있습니다.

군의 기강으로 대표되는 '군의 특수성'과 모든 국민에게 인정되어야 할 기본적 권리의 관계를 어떻게 바라보아야 할까요? 군대뿐만 아니라 학교나 직장 등 우리 사회 속 많은 집단에서 유사하게 나타나는 문제인 만큼, 눈을 크게 뜨고 볼 필요가 있습니다.

참으면 윤 일병,
터뜨리면 임 병장?

논점 1: 국방의 의무와 군 폭력

현우 어라, 오늘 수호 표정이 어둡네? 오늘은 네가 전부터 기대하던 군대 이야기하기로 했잖아. 어제는 〈가짜 사나이〉 본방사수한다고 신나게 뛰어가더니, 결방됐어?

수호 아. 그건 봤지. 그런데 방송 끝나고 토론 준비하면서 찾은 기사 때문에 마음이 답답해. 따돌림을 당했던 한 병사가 근무를 마치고 동료들한테 수류탄을 던진 뒤 총을 쐈다는 내용이었어.

현우 아, 사상자를 낸 건 잘못했지만 본인도 고통스러운 사정이 있었네. 전에 누가 말하는 걸 들었는데, 살인과 자살은 한끝 차이라고 하더라. 어떤 원인으로 극단적인 폭력성이 나타나는데 그걸 다른 사람에게 발산하면 살인이 되고, 스스로에게 발산하면 자살이 되는 거래.

수호 너도 알다시피 우리 집안이 대대로 해병대 출신이잖아. 빨간 명찰에 팔각모가 멋있어 보이다가도 이런 기사를 보면 입대 자체가 두려워져. 군대는 나라를 지키러 가는 곳일까? 아니면 나를 지켜야 하는 곳일까?

현우 에이, 그래도 진짜로 군대 많이 좋아졌대. 육군은 2000년 되면서 사병 폭력이 없어졌다고 하고, 요새는 의경 폭력도 없어졌대. 우리 막내 삼촌이 서울 기동대 출신인데 그 이야기 듣더니 당황하시더라. 그게 가능하냐며 말이야. 경찰 버스에서 매일 얻어맞던 이야기를 늘어놓으면서 그때는 구타가 없어질 거라고 상상도 못 했대.

수호 요새는 의경 지원율이 높아져서 '의경고시'라는 말까지 등장했대. 지금은 추첨제로 바뀌었지만 말이야. 구타나 가혹행위가 없어진 것도 그 열풍에 한몫했다더라고.

다솜 자, 그럼 우리 본격적으로 이야기해 보자. 정말 군대가 편해진 게 맞다면, 군대에 적응을 못하는 사람은 문제가 있는 사람인 걸까?

수호 그렇지. 어른들 말씀처럼 '죽지 못해 사는 훈련'을 받는 것도 아니고 군 폭력도 많이 줄었다는데 적응을 못하면 문제가 있는 거겠지.

민주 그렇게 단정하면 안 되지. 사람이 얼마나 고통스러우면 이상행동을 보이겠어! 사람마다 다른 거지.

다솜 네 말도 맞기는 한데, 군대는 기강을 확립하는 것이 중요하니까 가끔은 그 과정에서 구타나 욕설도 할 수 있는 게 아닐까?

수호 나도 그 말에 동의해. 힘들다고는 해도 누구나 다 다녀오는 곳이 군대이기도 하거든. 우리는 헌법에서 정한 국방의 의무를 다하기 위해 군대에 가는 거잖아. 그런데 남들과 같은 훈련을 받고 같은 정도로 구타나 가혹행위를 겪고도 혼자서만 적응을 못한다면 그 개인에게 문제가 있다고 봐야 할 거야. 그런 경우는 특별히 한 사람만 괴롭혀서 발생하는 문제와는 다른 거니까.

:: 대한민국 헌법

제39조 ① 모든 국민은 법률이 정하는 바에 의하여 국방의 의무를 진다.
② 누구든지 병역의무의 이행으로 인하여 불이익한 처우를 받지 아니한다.

민주 무슨 소리니? 어떠한 경우에도 사람을 때리거나 모욕감을 주면 안 되지. 군인도 우리와 같은 대한민국 국민이라고.

수호 군대가 무슨 캠프니? 기숙사야? 다 같이 모여서 캠프파이어라도 하는 곳인 줄 아나 봐. 언제 있을지 모르는 적의 도발에 대비해 강도 높은 훈련을 받고 높은 전투력으로 준비하는 곳이 군대야. 기강을 유지하려면 우리가 사회생활을 할 때와 같을 수는 없어.

현우 너희 '참으면 윤 일병, 터뜨리면 임 병장'이라는 말을 들어 봤니? 몇 년 전 뉴스에 나왔던 사람들이야. 윤 일병은 군대에서 구타와 가혹행위를 참다가 휴가 나와서 자살했고, 임 병장은 자신을 따돌렸던 부대원들에게 총격을 가했지. 많이 좋아졌다고 하지만, 군대에는 아직 악습이 남아 있는 것 같아.

민주 자살과 살인은 한끝 차이라는 말이 무슨 뜻인지 이제야 알 것 같아.

다솜 그래. 너희 말도 일리는 있어. 분명히 헌법에서는 기본권의 주체를 모든 국민으로 정하고 있으니까. 군인 역시 대한민국의 국민이니 기본권의 주체임에는 틀림이 없겠지.

:: 대한민국 헌법
제2장 국민의 권리와 의무
제10조 모든 국민은 인간으로서의 존엄과 가치를 가지며, 행복을 추구

할 권리를 가진다. 국가는 개인이 가지는 불가침의 기본적 인권을 확인하고 이를 보장할 의무를 진다.

수호 하지만 군대를 다른 집단이랑 똑같이 취급할 수는 없잖아? 군대만 갖는 특수성도 있으니까.

다솜 내 말이 그거야. 국민의 권리와 군의 특수성을 잘 조화시킬 방안을 찾아보면 좋겠어.

모자라서 관심을 받나,
관심받아서 모자라지나
논점 2: 군 부적응자와 따돌림

수호 '관심병사'로 불리는 사람들 있잖아. 요새는 부적응자라는 표현을 더 많이 쓰는 것 같던데, 아무튼 그 사람들은 어떤 사람들일까? 내 생각에는 남들 다 갔다 오는 군대에서 유난히 적응 못하는 사람 같거든. 그런데 아까 내가 이런 뜻을 살짝 드러냈더니 민주랑 현우가 얼굴을 찌푸리더라. 그럼 이 사람들을 어떻게 봐야 할까?

민주 부적응자는 군대라는 집단의 불합리하고 폐쇄적인 성격에 적응하지 못한 사람들이야. 문제는 군대에 있는 거겠지, 이 사람들은 피해자라고 봐.

수호 남들 다 다녀오는 군대에서 자기들만 적응을 못하는데 피해자로 본다고? 조직이 어떻게 모든 사람의 상태를 다 반영하니? 누구나 다 가는 곳의 분위기도 못 따라가는 그 사람들이 잘못된 거지.

민주 아니지. 모든 사람이 다 같을 수가 없는데 너처럼 획일적인 것을 강요하면 적응을 못 하는 사람이 생기는 게 당연하지. 그렇게 적응 못할 사람을 관심병사로 분류하고 관리하는 것이 가능하다면, 처음부터 현역 병 복무를 하지 않도록 제도적 보완을 했어야지.

수호 또 모르는 소리 하네. 그런 식이면 도대체 누가 군대에 가려고 하겠어? 다들 꾀병 부려서 힘드니 뭐니 하면서 안 가려고 하지.

현우 나는 민주 말에 동의해. 국가인권위원회가 몇 년 전에 조사한 결과를 보면, 조사 대상의 8퍼센트 정도가 군 복무 부적응 집단으로 나타났어. 1,169명 중 92명이야. 100명 중 8명 정도가 군 복무에 적응하기 힘들다는 건데, 군대에 변화가 필요하다고 봐.

수호 그럼 군대는 누가 가냐고. 갑자기 지금 병력의 8퍼센트를 제외하고 군대를 운용하자는 건 현실적이지 못해.

민주 자, 지금 이야기가 너무 극단으로 흘러가는 것 같아. 사회가 바뀌어야 하는지 개인이 바뀌어야 하는지의 문제처럼 말이야. 조금 이야기를 바꿔 보자. 도대체 왜 그들은 군대에 적응을 못할까?

다솜 초등학교 다닐 때도 적응 못하고 분위기 못 맞추는 애들 있었잖아. 군대에도 그런 애들이 있는 거겠지. 만날 훈련에서 낙오하고, 일 제대로 못해서 문제 만들고, 고참 비위도 못 맞추고……. 그러다 보면 자연스레 소외되겠지.

민주 그럼 다독여서 함께 가야지, 왜 못살게 굴어? 그건 동료 병사들이 잘못하는 것 같은데?

수호 잘 하라고 다독이지, 군대 스타일로. 아까도 말했다시피 당장 적의 도발에 대응할 수 있도록 최상의 전투력을 갖춰야 하는 곳이 군대잖아. 그래서 다독이는 것도 군대식인 거야. 흔히 말하는 '때리고 갈구는'

거지. 군대 다녀온 어른들 얘기를 들어 보면 다들 그렇게 말씀하시던데.

다솜 수호 말이 맞아. 도대체 누가 좋아서 때리고 갈구겠어? 부대 전체를 위해서 자기가 악역을 맡는 거지. 선생님이나 부모님도 어쩔 수 없이 악역을 맡을 때가 있다고 말씀하시잖아.

민주 음, 그런데 우리가 지금 하는 이야기 말이야. 학교에서 일어나는 따돌림 문제를 이야기할 때랑 비슷한 느낌이 들지 않니? 남들은 그럭저럭 다니는데, 혼자 적응 못하고 소외된 애들 말이야. 솔직히 이해할 수 없는 이유로 따돌림당하는 경우도 많잖아. 때로는 따돌림당하는 친구도 잘못이 있을 수 있지만, 그것만으로 따돌림이 해명되지 않아. 물론 정당화되지도 않지.

현우 맞는 말이야. 혹시 아폴로니우스 신화를 들어 봤니? 2세기경 에페소스라는 도시에서 페스트가 유행하자 사람들이 아폴로니우스를 찾았다고 해. 당시 아폴로니우스는 위대한 정신적 지도자였거든. 아폴로니우스는 오늘 안으로 병을 퇴치하겠다며 사람들을 모았어. 그러고는 그곳에 거지를 데려다 놓고 돌을 던지게 했지.

몇 사람이 거지에게 돌을 던지기 시작하자 그때까지 장님처럼 두 눈을 깜박거리기만 하던 그 거지가 갑자기 이글거리는 두 눈을 부릅뜨고 날카롭게 쳐다보았다. 그제야 에페소스 사람들은 그 거지가 실은 악마란 사실을 눈치채고서 자발적으로 돌을 던지기 시작했는데 얼마나 많은 돌을 던졌던지 거지 시체 주변에 커다란 돌무더기가 만들어질 정도였다.

잠시 뒤 아폴로니우스는 돌무더기를 헤치고 그들이 죽인 것을 확인시켰다. 돌을 들어내자 그들은 그 시체가 거지가 아니란 것을 알게 되었다. 그 자리에는 몰로스 개와 닮은, 그러나 어미 사자만큼이나 커다란 짐승 하나가 있었다. 돌을 맞아서 곤죽이 된 짐승은 광견병 걸린 개처럼 거품을 토한 채 쓰러져 있었다. 사람들은 악령을 쫓아낸 바로 그 자리에 수호신 헤라클레스의 흉상을 세워 주었다.

르네 지라르,《나는 사탄이 번개처럼 떨어지는 것을 본다》중

수호 사람들이 거지에게 돌을 던졌는데, 돌무더기에서 나온 건 커다란 짐승이었구나. 그럼 아폴로니우스가 거지로 변신해 있던 악령을 쫓아낸 거야?

현우 글쎄, 신화에서는 악령을 쫓아냈다고 하고 있어. 하지만 그와 반대로 해석하는 게 옳을 거야. 처음에 돌을 던질 때 거지가 눈을 부릅떴다고 나오지? 아무 잘못도 없는데 누군가 공격을 하면 당연히 표정이 좋을 수 없지. 하물며 돌무더기가 만들어질 정도로 돌에 맞았잖아. 하지만 사람들은 돌에 맞은 거지의 반응을 보고, 거지가 악령이자 페스트의

원인이라고 확신한 거야. 그들의 눈에는 돌에 맞아 곤죽이 된 거지가 그저 악마로 보였던 거지.

수호 그럼 병이 고쳐졌을 리 없잖아.

현우 맞아. 프랑스의 문학평론가 르네 지라르는 이 이야기가 폭력의 본질을 보여 준다고 말했어. 희생양을 만들어 냄으로써 사람들은 안심하는 것이지. 당연히 문제는 해결되지 않아. 같은 문제가 새로 불거질 테고, 그때는 또 다른 희생양이 나타날 거야. 이러한 맥락에서 보면 입시 스트레스는 학생 간 따돌림이나 약해 보이는 선생님에 대한 반항으로 이어져. 군에서 겪는 여러 가지 불합리한 상황과 억압적인 수직 구조가 부적응자를 만드는 것도 마찬가지 아닐까?

출구를 찾아서
논점 3: 군 기강과 인권

수호 그럴싸하긴 하지만 그건 모든 부적응의 문제와 겉으로 보이지 않는 군 폭력의 문제를 완전히 짚어 내는 것은 아니라고 봐. 진짜로 문제가 있는 사람에게는 특별한 조치가 취해져야 하지 않을까?

다솜 맞아. 단체 생활에서 엄격한 규율은 필수라고 생각해.

민주 그렇다고 구타나 가혹행위가 꼭 필요할까? 강한 군기도 중요한데, 문제는 군인의 기본적 인권과 양립할 수 있느냐는 것이지.

현우 2015년 말에 국가인권위원회에서 군 폭력 사건들을 조사한 결과, 행동이 느리고 대답을 제대로 하지 못한다는 이유로 지속적인 폭언과 폭행을 한 사례가 있었어. 성추행이나 잠 안 재우기 같은 가혹행위도 있었지. 이 모든 일을 군기 문제로 돌려야 할까?

민주 나도 그 자료 봤어. 너희 '압존법'이라고 들어 봤니? 나보다 윗사람에 대해서 말하더라도 그 사람이 내 말을 듣는 사람보다 낮은 서열이라면 높임법을 빼고 말하는 게 압존법이야. 예를 들어, 내가 할머니께 말씀 드릴 때는 '어머니는 아까 나가셨어요.'가 아니라 '어머니는 아까 나갔어요.'라고 말해야 해.

수호 나도 알아. 군대에서도 오 병장님께 말씀드릴 때는 '박 상병님'이 아니라 '박 상병'이라고 해야 하지.

민주 응. 그런데 그걸 좀 틀렸다고 폭행하는 경우도 있었어. 특히나 신병 때에는 갑자기 모든 고참의 서열을 암기하는 것이 쉽지 않아서 실수할 수도 있을 텐데 말이야. 실제로 우리가 생활하면서 압존법을 엄격하게 지키는 것도 아니잖아.

다솜 하지만 규칙에 대한 작은 실수들이 쌓이면 나중에 실전에서 큰 실수로 이어질 수 있어. 언제나 모든 것에 긴장을 늦추지 말고 철저한 태도를 길러야 군의 전력을 최상으로 유지할 수 있겠지.

민주 에이. 그건 좀 억지스럽다.

수호 아니야. 너희는 군대를 너무 몰라. 언제 전쟁이 터질지 모르는데! 휴, 전문지식을 동원해야겠구나. 군의 특수성을 계속 말해도 못 믿는데 말이야, 너희 '특별권력관계'라고 들어 봤어? 법률의 규정이나 당사자의 동의에 의해서 군인이나 수형자와 같이 국가권력에 대해 특별히 강한 법적 구속을 받는 관계를 가리키는 말이야. 우리가 일상에서 당연히 국가권력에 대해 복종하는 일반권력관계와 대비되는 개념이지. 특별권력관계에 있는 사람들의 기본권은 효력이 없다고 봐야지.

민주 그런 게 있어? 하지만 군인과 수형자도 다 같은 국민인데 기본권이 아예 없다고 보는 게 아무 문제가 없을까?

수호 응. 국민의 기본권은 국가에 대항해서 가지는 것인데, 특별권력관계에 있을 때에는 군대나 교도소라는 국가기구에 편입되는 거니까. 불합리하게 들릴지 모르겠지만 그게 정 싫다면 그 관계에서 나오면 그만이지. 자기가 원해서 그 관계에 들어선 이상 그 정도는 감수해야 하지 않겠어?

현우 헌법상 국민의 기본 의무로 군대에 끌려온 사람을 '자발적으로' 특별권력관계에 들어온 자라고 할 수 있을까? 그리고 기본권에 대한 전면적인 포기를 주장하는 것은 바람직하지 않아 보여. 게다가 그런 특별권력관계이론은 이미 극복된 이론일걸?

수호 이론이 나온 뒤에 어떻게 되었는지는 잘 몰랐네. 하지만 우리 헌법재판소에서도 특별권력관계라는 개념을 전제로 하고 있는 건 사실이야. 다음 결정을 보라고.

:: 헌법재판소 결정문
-법관 전보발령 등 사건(1993.12.23. 자 92헌마247)
경찰공무원을 비롯한 공무원의 근무관계인 이른바 특별권력관계에 있어서도…

현우 아하! 그런데 수호야. 이 결정문 끝까지 읽어 봐. 오히려 권리를 보호하는 취지야.

…일반행정법관계에 있어서와 마찬가지로 행정청의 위법한 처분 또는 공권력의 행사·불행사 등으로 인하여 권리 또는 법적 이익을 침해당한 자는 행정소송 등에 의하여 위법한 처분 등의 취소를 구할 수 있다고 보아야 할 것이다.

민주 특별권력관계를 통해 군대나 교도소처럼 기본권이 더 강하게 제약되는 관계가 있다는 건 받아들일 만한 것 같아. 하지만 단지 그러한 관계에 있다고 기본권에 대한 전면적인 포기처럼 받아들여지는 건 곤란해. 오히려 기본권 제한에 대한 비례성 관계로 봐야 하지 않을까? 뚜렷이 큰 공익을 근거로 기본권이 제약되는 보통의 경우와 마찬가지로 말이야. 군대의 경우에는 제약되는 정도가 더 큰 것뿐이겠지. 오히려 아래 법에서도 확인되듯 군인도 원칙적으로 우리와 동일하게 기본권을 보장받아야 한다고.

:: 군인의 지위 및 복무에 관한 기본법

제10조 (군인의 기본권과 제한) ① 군인은 대한민국 국민으로서 일반 국민과 동일하게 헌법상 보장된 권리를 가진다.

② 제1항에 따른 권리는 법률에서 정한 군인의 의무에 따라 군사적 직무의 필요성 범위에서 제한될 수 있다.

현우 아무튼 구타나 가혹행위가 일어나는 이유는 군기만으로 설명이 안 돼. 더구나 마이클 샌델의 책 《정의란 무엇인가》를 보면, 전쟁에서 신체적 상해를 입은 때와 달리 정신적 장애를 겪게 된 때에는 군이 보상을 잘 안 해 주려고 한다는 내용이 나와. 미국의 이야기이긴 하지만 말이야.

다솜 난 이해할 수 있어. 군대는 강인한 정신력이 기본적으로 요구되는데, 정신적 장애는 나약하기 때문에 발생하는 문제 같거든. 군에서 받아들여질 만한 미덕은 아니지.

현우 바로 그런 이유로 보상을 안 하려는 것 같더라. 군에서 폭력 피해자가 받고 있는 정신적 고통은 '그가 나약해서' 발생하는 일로 여기면서 도움을 줄 필요가 없는 것처럼 취급하고 말이야. 결국 당사자가 스스로 극복해야 할 문제가 되는 거야.

다솜 그거야 군인으로서 당연한 거 아냐?

현우 힘들어하면 도움을 주는 게 당연한 거지. 사병뿐만 아니라 장교도 그런 식으로 생각하니까 군에서 폭력이 계속되는 게 아닐까? 군에서 가혹행위를 당하다가 피해자는 강제 전역을 했는데 가해자 수사는 계속 지지부진하다는 사례를 얼마 전 보도 프로그램에서 본 적이 있어. 아까 이야기한 국가인권위원회 사례에서도 군은 무조건 사건을 축소시키려 하고. 폭력이 당연한 것이고, 그것을 못 버티면 이상하게 보는 분위기를 바꿔야 해. 그러지 못했기 때문에 부적응자가 있어 왔고, 자살이나 총기 사고 등으로 이어진 거라고 봐.

다솜 그런 경우도 있겠지만 정말 끝까지 말을 안 듣는 병사들을 어떻게 해야 할까? 근거를 특별권력관계에서 찾든 비례성 원칙에서 찾든, 어쨌든 군인의 기본권 제약이 더 강하다는 건 모두가 인정하잖아. 군대에서 적극적으로 국방의 의무를 다하지 않고, 해야 할 일을 남에게 미루고 자기는 편하게 쉬려고만 하는 사람들을 어떻게 해야 할까? 상전으로 떠받들며 적응해 달라고 사정하는 게 옳아? 특별히 자신만 당한 고통이 아니라 남들 다 겪는 수준의 군 생활에 적응을 못했다면 그 사람이 군대 스타일에 적응해야지.

수호 다솜이 말이 맞아. 그런 점에서 사건을 축소한 군대의 태도를 이해할 수 있을 거야. 적응 못한 병사 개인의 문제로 시작된 건데, 하필 사태가 커져 버린 거잖아. 그런데 대의를 위해 악역을 맡아 전투력을 유지해 준 사람들을 나쁜 사람으로 만들 수는 없지.

민주 그렇다고 군 폭력을 용인하고 부적응을 끝까지 개인의 문제로만 봐야 할까? 오늘은 정말 이야기가 평행선을 달리는구나.

이등별님
제발 일 좀 해 주세요.

현우 결국 문제는 '폭력'과 '군의 기강'이라는 두 가지로 정리될 수 있을 거야. 우선 폭력 문제부터 보자. 정말로 무책임하고 자신의 안위만 생각하는 사람은 어디에든 있어. 우리 학교에도 있지. 그런데 이런 문제가 폭력을 통해서만 해결될 수 있을까? 도대체 그 원인은 뭘까? 윽박지르고 따돌리는 사람과 달리 그와 잘 지내면서 좋은 행동으로 이끌어 내는 사람도 있잖아. 그건 어떻게 가능한 걸까?

민주 두 번째로 군의 기강은 도대체 그 실체가 무엇인지 물을 수 있겠네. 군의 특수성, 군의 기강 같은 것을 말하며 폭력을 옹호하기도 하니까 말이야. 마치 종교의 교리에 비유할 수 있을 것 같아. 교리에서 '신의 뜻'이라고 하면 그대로 정당화되고 반박이 불가능하잖아. 폭력을 정당화하는 군의 기강 역시 같은 방식으로 쓰이고 있어. 그 말이 무엇을 위한 것이고 어느 범위에서 정당화되는지 깊이 고민해야 할 거야. 그러지 않으면 우리의 이야기는 영영 매듭지을 수 없을 테니까.

수호 생각해 보니 2005년부터 지속적으로 주장된 군인권 보호관 제도를 안착시키는 것도 내부의 질서를 존중하며 자체적으로 인권 확산에 기여하는 하나의 방법일 수 있겠어. 이 제도는 2016년에 제정된 군인의 지위 및 복무에 관한 기본법에도 명시되어 있지만, 아직까지 시행되지 못하고 있어. 하나하나 방법을 더 찾아가면 좋겠다.

- '군대 많이 좋아졌다'고 하지만, 군 폭력이 완전히 없어졌다고는 할 수 없다. 이 점은 언론보도나 각종 실태조사에서도 드러나고 있다. 이 문제는 군의 기강이 폭력 없이는 유지될 수 없느냐는 물음과 닿아 있기도 하다.

- 군 복무는 육·해·공군처럼 군부대에서 하는 방식이 있고, 의무경찰이나 의무소방처럼 전환복무를 하는 방식, 관공서의 행정을 돕는 사회복무요원이 되는 방식도 있다. 모두 헌법 제39조가 정하는 국방의 의무의 내용인 병역의 의무를 이행하는 것이다.

- 국방의 의무를 이행하는 과정에서 군인의 기본권은 강하게 제약될 수밖에 없다. 이것을 과거에는 '특별권력관계'라는 이름으로 기본권의 포괄적인 포기처럼 여기던 시절도 있었지만, 지금은 기본권의 강한 제약 정도로 받아들인다. 군 생활을 하는 동안 짧은 머리를 유지해야 하고 염색도 할 수 없는 등 헌법 제10조로부터 나오는 일반적 행동자유권이 제약을 받는다. 같은 맥락으로 휴식권이나 수면권 역시 강한 제약을 받을 수밖에 없다. 예를 들어 무장공비가 나타났는데 잘 쉬고 잘 자라고 할 수는 없다. 이처럼 군의 목적을 다하기 위해, 다방면에서 군인의 기본권이 강하게 제약되는 것이 사실이다.

- 한편으로 군에서 부적응 문제는 폭력의 문제와 떼어 생각할 수 없다. '이등병 계급장만 달면 바보가 된다'는 말처럼, 분위기에 위축되어 이상행동을 보이는 측면이 있기 때문이다. 또한 지라르의 분석처럼 집단이 희생양을 요구할 경우, 부적응자를 만들어 내는 것일 수도 있다.

- 다른 한편으로 적응하지 못한 병사 개인의 문제가 더 강조되어야 할 수도 있다. 문제는 그것을 폭력으로 해결하려는 태도가 자연스럽게 받아들여져야 하느냐는 것이다. 또한 고통받는 이를 나약한 사람으로 몰아붙이고 외면하는 근거로 기강의 중요성을 끌어들이는 것이 옳은지도 고민이 필요하다.

조건 없이 주는 돈

인간다운 삶을 위한 기본소득

어떤 일이 벌어지고 있을까?

어려서부터 우리는 '일하지 않는 자, 먹지도 말라'는 말을 자주 들었습니다. 여름 내내 노래만 부르던 베짱이는 겨울이 오자 추위에 덜덜 떨다가 개미에게 식량을 꾸어야 했다는 우화는 세대를 거쳐 전해졌지요. 도덕도 종교도 사회도 게으름은 죄악시하고 근면함은 올바른 것이라 말합니다. 개미가 식량을 꾸러 온 베짱이에게 훈계하듯이 사람들은 일하지 않는 자들에게 게으르고 무능하다는 시선을 보냅니다.

작은 사회라는 교실에서도 마찬가지입니다. 열심히 공부하지 않으면 대학에 가지 못하고, 돈도 벌지 못할 거라고 하지요. 이런 사회에서 우리는 일하지 않고 돈을 버는 방법을 알지 못합니다. 대기업 총수이거나 임대업자이거나 금수저를 물고 태어나지 않았다면 말입니다.

이처럼 게으름을 경멸하고 병적인 부지런함을 재촉하는 현대사회에서 아무 일도 하지 않아도 조건 없이 매달 월급을 주겠다는 나라가 있습니다. 바로 북유럽의 대표적인 복지국가 핀란드입니다.

핀란드는 복지수당을 받는 사람 중에 실업자 2,000명을 무작위로 선정해 2년간 매달 560유로, 원화로는 약 71만 원을 지급하는 기본소득 실험을 시작했습니다. 기본소득은 모든 사회 구성원에게 적절한 삶을 보장하기 위해 아무런 조건 없이 정기적으로 지급하는 현금성 소득을 말합니다. 소득 수준이나 재산의 유무를 떠나 보편적으로 일정 액수를 지급하지요. 기본소득 수급자들은 이 돈을 마음대로 쓸 수 있습니다. 이 돈을 받은 사람들은 어디에 사용했는지 보고할 의무도 없습니다. 대신 기존에 받고 있던 다양한 사회복지 혜택은 기본소득 수급액만큼 공제됩니다.

핀란드가 이런 과감한 정책을 추진하게 된 배경에는 높은 실업률이 있습니다. 국민들이 임금이 낮은 일을 하기보다 국가가 주는 실업수당을 받으려고 하면서 실업률은 점점 높아지고 국가의 복지 부담도 커졌기 때문이지요. 이 문제를 해결하기 위해 핀란드 정부는 고심 끝에 세계 최초로 국가 단위의 기본소득 실험을 진행했습니다. 핀란드에서 민간 부문의 평균 급여는 3,500유로, 원화로는 443만 원입니다. 지급 수준과 범위에 한계가 있지만, 국가 수준에서는 처음으로 시행되는 것이어서 전 세계가 주목하고 있습니다.

묻지도 따지지도 않고 매달 지급하는 기본소득이라는 아이디어는 갈수록 심각해지는 빈부 격차와 소득 양극화에 대한 문제의식에서 비롯되었습니다. 계층 갈등을 해소하고 사회 구성원이 인간적 존엄과 시민으로서의 주체성을 유지할 수 있는 획기적 발상인 기본소득에 대한 관심과 공감대는 갈수록 커지고 있지요.

기본소득은 핀란드뿐만 아니라 일찍이 미국, 캐나다, 영국, 네덜란드, 스위스, 독일, 뉴질랜드 등의 국가에서 꾸준히 논의되어 왔습니다. 우리나라에서도 기본소득의 변형이라고 볼 수 있는 '청년기본소득(청년배당)'이 경기도에서 2019년부터 시행되고 있습니다. 3년 이상 계속 거주하거나 합산하여 10년 이상 거주한 만 19세에서 24세 사이의 청년에게, 경기도에서 사용할 수 있는 지역화폐를 분기마다 지급하는 정책입니다. 구체적인 액수는 해마다 조금씩 다르지만 재산이나 소득, 직업, 구직 활동에 대한 보고 등의 조건 없이 지급되고 있습니다. 이 상품권은 전통시장 및 소상공인 업체라면 학원이나 서점뿐만 아니라 식당, 의류점, 미용실 등에서도 사용할 수 있습니다.

이와 유사하게 서울시에서 시행하는 '청년수당'은 만 19세에서 34세 사이의 청년 중에 취업과 사회참여에 의지를 가진 청년들을 선발해 3개월에서 최대 6개월간 50만 원을 지급하는 것입니다. 청년수당은 구직과 창업 활동 범위 내에서 학원비나 특강비, 식비, 교통비로 쓸 수 있습니다. 영수증도 첨부하도록 되어 있고요. 청년수당은 취업 활동을 독려하고 근로의욕을 북돋우기 위해 취약 계층을 보조하는 방법 중 하나입니다. 청년기본소득은 보편적 복지를, 청년수당은 선별적 복지를 대표하는 사례입니다. 물고기를 주지 말고 물고기 잡는 법을 가르쳐 주어야 한다고 배워 온 우리나라 정서상, 보편적 복지로 시행되는 대부분의 정책이 뜨거운 논쟁을 불러 일으켰습니다. 학교 무상급식 시행에 관한 논란도 같은 맥락이었지요.

헌법 제10조는 인간은 존엄하며 행복을 추구할 권리를 가졌다고 말합니다. 또한 헌법 제34조에서는 국가는 모든 국민이 인간다운 생활을 할 권리를 보장한다고 규정합니다. 그러나 온갖 부와 풍요가 넘쳐나는 오늘날에도 실업과 빈곤에 시름하는 사람들은 늘어만 갑니다. 이상하게도 복지 혜택은 늘었는데 복지 사각지대가 더 커지고 있습니다. 많은 사람이 생존에 대한 불안과 압박감 속에 존엄과 행복을 미루고 삶을 저당잡힌 채 힘들게 노동하고 경쟁하며 살아가고 있습니다. 기본소득은 행복추구권과 인간다운 생활을 보장하는 좋은 대안이 될 수 있을까요?

일하지 않는 자,
먹지도 말라

논점1: 기본소득과 근로의욕

민주 오늘은 기본소득에 관해서 토론하기로 한 날이네. 너희는 사전 조사하면서 어떤 생각이 들었어?

현우 갖고 싶은 건 많은데 아르바이트는 구하기도 어렵고, 공부도 해야 하니까 성인이 될 때까지 한 학기에 100만 원씩 받는 학생배당 같은 걸 하면 좋겠다는 생각!

다솜 푸하하하. 학생배당이라고? 상상력이 풍부한 건 알겠는데 그런 말도 안 되는 일이 일어나겠어? 엉뚱한 상상할 시간에 공부해서 장학금 받을 생각이나 하지 그래. 공부하지 않고 100만 원씩 소득을 보장받으면 누가 대학에 가고 취업을 하려고 하겠어. 그건 공부하기 싫어하고 노력하지 않는 사람들의 환상이야.

민주 다들 그렇게 생각하는 거야? 나는 매달 일정한 기본소득이 보장 된다면 노트북을 사서 동영상 강의도 듣고 예쁜 운동화도 사 신고 더 열심히 공부할 거 같은데? 다솜이 너도 피아노 레슨비가 너무 비싸다고 전공을 바꾸면서 고민 많이 했잖아. 기본소득을 보장받았다면 마음 편 히 음악에 열중할 수 있지 않았겠어?

수호 역시 민주는 교과서야. 그건 너 같은 모범생들한테만 해당되는 거지, 현우처럼 게임만 좋아하고 공부하기 싫어하는 학생들은 상상도 못할 일이라고. 장래를 꿈꾸고 열심히 노력해야 할 시기에 조건 없이 기 본소득이 보장된다면 당장에 하고 싶고 편한 일만 하려고 들 거야. 그러 면 굳이 힘들여 미래를 개척하려 하지 않을 테고, 학교에서 받는 교육은 의미를 잃게 되겠지. 교육은 장래를 위한 긴 투자인데 말이야.

현우 수호는 나를 너무 잘 알아. 맞아, 내가 공부를 한다는 건 상상도 못할 일이지. 대신 더 열심히 게임해서 프로게이머가 될 거야. 나도 내 미래를 위해 투자하고 노력할 거라고. 기본소득이 보장된다고 사람들이 공부를 하지 않는다거나 일하지 않을 거라고 단정하면 안 돼. 그건 인간 에 대한 불신이 깔린 판단이잖아. 공부는 쓸모 있는 일, 게임은 쓸모없 는 일이라고 생각하는 것도 편견이야. 게임을 하는 게 얼마나 근사한 일 이라고. 난 꼭 훌륭한 게임 노동자가 되겠어.

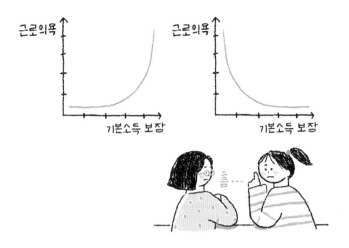

민주 현우 말에 제법 진정성이 느껴지는데? 다른 예도 생각해 보자. 집안일은 돈을 받고 하면 노동이 되지만 가정주부가 하면 당연한 게 돼 버려. 둘은 같은 가치를 가진 노동이지만 임금을 받지 않는다는 이유로 말이야. 꼭 임금을 받는 노동만 가치 있는 것일까? 월급이 노동의 가치를 제대로 반영할 수 있는지도 잘 모르겠어. 기본소득이 보장된다면 현우처럼 게임을 하는 일 뿐만 아니라 임금이 없거나 너무 적어서 인정받지 못한 노동에 대해서도 새로운 평가와 도전이 이뤄질 수 있어.

현우 자나 깨나 밥벌이를 걱정해야 하는 현실 앞에서는 꿈은 그저 꿈일 뿐. 너희 '칠포 세대'가 뭔지 아니? 연애, 결혼, 출산을 포기한 삼포에다 인간관계, 내 집 마련, 꿈, 희망까지 포기한 사람들을 부르는 말이래. 최근에는 더 이상 포기할 것도 없다는 의미로 'N포 세대'라는 신조어도 생겼다더라. 작명 센스에는 박수를 보내고 싶지만, 남일 같지 않다. 나 취직은 할 수 있을까? 어떻게 취직은 한다고 해도 결혼할 수 있을까?

다솜 하하. 웃으면 안 되는데, 미안. 너무 비관하지 마. 요즘은 결혼하면 세금도 공제해 주고, 신혼부부한테만 주는 임대주택도 있대.

현우 다솜아, 나 완전 진지하거든. 이렇게 입시 전쟁에 치여 어렵게 대학을 졸업해도 정규직으로 취업하기는 힘들 텐데, 학자금 대출에 주거비와 생활비까지 매달 부담하려면 결혼을 어떻게 하겠어? 그저 남의 행복만 구경해야 한다니, 헌법이고 행복추구권이고 다 가식처럼 느껴진다. 기본소득의 보장이 정말 절실해.

민주 학교에서는 자기가 하고 싶은 일을 하라고 가르치잖아. 일을 통해 자아실현을 하고 행복을 찾으라고 말이야. 자기가 좋아하고 잘하는 일을 하면서 소득도 보장받으면 얼마나 좋아? 이런 게 진짜 행복추구권의 보장 아니겠어? 당장 먹고살기 위해 돈이 되는 일을 찾아 나서야만 한다면 자발적인 선택을 하기 어렵지. 늘 생존부터 걱정해야 하는 사람에게 행복은 쇼윈도에 걸린 비싼 물건에 지나지 않아. 헌법에 걸린 민주주의니 자유니 하는 것들도 마찬가지야. 집회와 시위에 관한 자유를 보장하면 뭐해? 당장 집회 장소까지 갈 버스비가 없다면 자유 또한 없는 거나 마찬가지지.

수호 행복이나 자유가 쇼윈도에 걸린 비싼 물건이라고? 뭐, 그렇게 생각할 수도 있지. 그렇지만 장기적인 관점에서 생각해 봐. 국가가 기본소득을 보장한다면 민주주의는 더 퇴색될 거야. 알바생에게는 사장님이 갑이듯이 사람은 돈을 주는 사람의 뜻에 어긋나게 행동하기 어렵잖아? 국가의 시스템에 순응하면서 계속되는 소득을 보장받으려 하지, 누가 감히 부당한 것을 부당하다고 주장할 수 있겠어. 기본소득에 의존할수록 노동 의욕과 능력이 없어지면서 국가에 순응하는 국민이 되고 말 거야. 이거야말로 장롱에 처박힌 자유의 모습이지. 능력 있는 자들을 경쟁하게 하고 성과를 평가하는 공정한 시스템을 마련해야 개인의 능력과 사회를 더 발전시킬 수 있어. 기본소득을 제공하면 경쟁은 없어지고, 일하는 소수가 다수를 먹여 살리는 구조가 될 거야. 조건 없이 기본소득을 보장한다는 건 다른 사람보다 능력 있고 기여가 큰 사람들에게 보상해야 할 국가의 의무를 저버리는 걸지도 몰라.

부자에게도 기본소득을 보장해야 한다고?

논점 2: 선별적 복지와 공평성

다솜 그래. 우리나라도 예전에는 복지는커녕 가난이나 장애는 개인의 탓이고 불운이라고 여겼잖아. 지금이야 국민소득이 높아지고 국가가 운용하는 세금 규모가 커져서 기초생활수급자나 차상위계층 등에 국가가 도움을 줄 수 있게 됐지만. 복지제도가 꾸준히 발전하면서 복지 수준도 높아지고 혜택도 다양해졌지. 앞으로도 진짜 복지가 필요한 사람이 누구인지 알아내고 복지의 사각지대를 없애려고 노력해야지, 사회 구성원 모두를 대상으로 기본소득을 제공하는 게 답은 아닌 것 같아. 복지제도를 발전시켜 온 그동안의 노력을 멈추고 그 책임을 기본소득으로 덮어버리면 안 되지. 그리고 단순히 생각해도 기본소득이 더 많은 비용이 드는 일 같은데?

민주 글쎄. 복지를 선별적으로 지급하는 게 더 현명한 방법처럼 보일 수 있지만 그 과정에서 발생하는 비용도 만만치 않아. 현실적인 계산도 고려해 볼 수 있어. 공무원은 실업자가 구직 활동을 하고 있는지 감시해야 하고 필요한 서류들도 검토해야 하지. 실업자는 취업 의사도 없으면서 실업급여를 받기 위해 형식적인 취업 교육을 받거나 거짓 지원서를 제출하기도 해. 정작 일을 할 수 없어 생활 보장이 전혀 되지 않는 노인들은 양육 의무를 지는 자녀가 있다는 이유로 기초생활수급자로 선정되지 못하는 딱한 상황에 처할 수도 있고. 아무리 사회복지 공무원을 많이 뽑아서 엄격한 심사와 감시를 하게 해도 결국 복지 사각지대는 존재할 수밖에 없어.

현우   음. 감시 비용을 늘려도 해결될 문제가 아니라면 차라리 국민들의 자율에 맡기는 편이 나으려나.

수호   비효율적인 감시 비용이 발생한다는 이유로 조건 없이 기본소득을 보장한다는 건 아주 비윤리적인 발상이라고 생각해. 스스로 자신의 삶을 이끌어 나갈 수 없다면 도움을 받아야겠지만 자신의 삶을 꾸려 갈 능력이 있는 사람들은 자율적으로 살아가도록 하는 것이 옳지.

다솜   맞아, 일할 능력이 있는데도 의지는 전혀 없는 사람들에게 기본소득을 보장하면 안 되지. 그건 일하기 싫은 사람이 열심히 일하는 사람에게 의존하는 꼴이야. 스스로 소득 활동은 하지 않은 채 매달 통장에

돈이 입금되기만을 기다릴 거라고. 그러니까 일할 의지가 없는 사람과 그렇지 않은 사람을 구별할 필요가 있어. 우리 옆집 아저씨는 공장에서 일하다 기계에 손가락이 잘려 일자리를 구하기가 쉽지 않으셨대. 어떻게든 일을 시작해 보려고 하셨지만 장애를 가지고 할 수 있는 일도 한계가 있었고, 사업장에서도 잘 받아 주지 않더래. 지금은 스스로 개발한 도넛으로 가게를 차리고 부지런히 일해서 부자가 되셨지만 말이야. 누군가는 남보다 수십 배는 노력해야 남들만큼 살까 말까 한데, 구별 없이 기본소득을 보장한다는 건 불공평해.

수호 일할 의지가 없는 사람에게 기본소득을 보장한다는 것도 그렇지만, 부자에게 기본소득을 지급한다는 건 더 이해할 수 없어. 경제적으로 넉넉한 부모님 덕분에 일하지 않고 놀고먹는 사람에게도 당장 내일이 불안한 취업 준비생과 똑같이 기본소득을 보장한다면 형평에 어긋나잖아. 이 둘은 시작부터 출발선이 다르니까. 같은 30만 원이라도 금수저 백수에게는 운동화 한 켤레 살 돈이겠지만, 취업 준비생에게는 한 달 방세일 수 있어. 이 사회의 시민이라는 이유로 같은 기본소득을 보장한다면 형식적인 평등에만 그치는 셈이지.

다솜 듣고 보니 정말 씁쓸하다. 금수저인 것도 모자라 국가에서 매달 조건 없는 용돈까지 받으면 정말 불공평한 거 아니야?

현우 진정해. 나도 공정한 걸 좋아해. 누군가 불공정한 대우를 받는 건 싫다고. 그렇지만 기본소득은 부자라고 예외가 아니야. 기본소득은 생존을 보장받기 위한 기본 권리인 만큼 누구라도 차별 없이 보장받아야 하는 거지. 뭐랄까, 식당에 가면 주는 기본 반찬이랄까?

민주 그렇다면 부자라고 기본소득을 주지 않는 게 더 불공평하지 않을까? 필요에 따라 보조적으로나 보상의 차원으로 지급되는 게 아니라 생존을 위해 누구나 보장받아야 한다는 거잖아. 가난한 사람이든 부유한 사람이든 상관없이 모두에게 주어져야 하는 몫인 거지. 열심히 일해서 재산을 많이 모았든 그렇지 않든, 아니면 상속을 많이 받았든 그렇지 않든 하루에 세끼를 먹는 건 똑같잖아.

현우 우리나라에서도 기본소득 논쟁이 뜨거운데, 경기도에서는 '청년기본소득'이라는 이름으로 시행 중이래. 나도 경기도에서 나고 자랐으니 몇 년 뒤에는 청년기본소득을 받을 수 있겠지? 청년기본소득을 받으면 피시방에 달려가서 게임 실력을 갈고닦겠어.

다솜 기본소득의 전형적인 부작용이 바로 현우 네 모습인 것 같다. 사용 목적이나 범위의 지정 없이 기본소득을 보장하다면 불필요한 부분에 지출하는 것을 막을 수 없을 거야. 술이나 담배를 사는 데 써 버리기라도 하면 어떡해? 학업이나 취업에 전혀 도움이 안 되잖아. 그런 점에서 기본소득을 전제로 하는 경기도의 청년기본소득보다 청년의 취업과 창업 지원이라는 목적을 지정하고 지출 범위를 제한한 서울시의 '청년수당'이 더 효율적이야.

	청년기본소득	청년수당
지급 대상	경기도 내 만 24세 청년으로서 3년 이상 계속 거주한 경우 또는 합산하여 10년 이상 거주한 경우	서울시에 거주하며, 졸업 후 2년이 지난 미취업 상태의 19세에서 34세 사이의 청년
지급액	분기당 25만 원씩 연간 100만 원의 지역화폐	매월 50만 원(최대 6개월)을 신한은행 카드로 지급
소득 조사	없음	일정 소득 수준 이상 제외
지출 범위	전통시장 및 소상공인 업체 (*백화점, 대형마트, SSM, 유흥업소, 연매출 10억원 이상 점포는 제외)	구직과 창업 활동으로 제한, 식비·교통비 등 직·간접 항목도 허용, 영수증 첨부

*2020년 기준

수호 청년기본소득은 세금으로 운용되는 것인데 학원 수강료라면 모를까 치킨집이나 피자집에서 이용할 수 있게 하다니, 상당한 부작용이 예상되는데? 인터넷에서 이 상품권을 현금화하는 사람들도 있었잖아.

다솜 반면에 서울시의 청년수당은 지출의 목적과 범위에 제한을 두어 수강료와 취업, 창업 관련해서만 쓸 수 있도록 지정되어 있어. 영수증도 첨부하도록 하고. 청년기본소득이든 청년수당이든 결국 세금으로 운용하는 건데 유흥비로 탕진하면 안 되잖아!

수호 현우가 꿈을 위해 피시방에 가서 쓰는 돈을 유흥비라고 폄하하는 건 아니야. 다만 꼭 필요하지 않은 곳에 지출할 수 있도록 하면 기본소득이 보호하고자 하는 생존의 안정성을 보장하는 것하고는 동떨어지는 것 같아.

민주 난 그 반대라고 보는데. 꼭 필요한 것과 필요하지 않은 것을 구별할 수 있을까? 또 필요한 것만 있으면 인간다운 삶이 보장된다고 할 수 있어? 나는 빵만으로 인간다운 삶은 가능하다고 생각하지 않아. 가끔은 현우처럼 게임하거나 가족과 여행하는 것도 우리 삶을 풍부하게 만들잖아. 어떤 때는 그게 빵보다 더 필요하기도 해. 불투명한 미래 앞에서 의지를 북돋아 주기도 하고 희망을 주기도 하니까. 취업 준비생도 치킨집에 가서 치킨을 먹으며 내일의 희망을 꿈꿀 수 있어야 생의 한가운데서 절망하지 않고 인간다운 삶을 살아가지 않겠어?

현우 옳소! 핑계가 아니고 정말 공부하다가 지겨울 때 게임 한 판 하면 공부가 더 잘된다고. 역시 민주밖에 없어. 그나저나 핀란드에서는 2017년 1월부터 일부 실업자에게 매달 71만 원씩 기본소득을 지원했다는데, 핀란드로 이민 가고 싶다.

노동자는 이주민과 싸우고 기계와 경쟁할 것이다?

논점 3: 이주민 유입과 로봇 노동

수호 만약에 어떤 국가에서 기본소득을 지급한다고 하면 현우처럼 다 그 나라로 몰려가지 않을까? 예를 들어, 시리아 난민이 독일로 몰리는 이유도 독일의 수준 높은 복지제도 때문이잖아. 기본소득을 지급하지 않는 나라에서는 아무도 살고 싶어 하지 않을 거야. 기본소득은 전 세계가 함께 시행해야 가능할 것 같아. 그렇기 때문에 더 실현 가능성이 없는 거고. 2016년에 스위스에서 국민투표에 부친 기본소득 보장에 관한 헌법 개정안이 압도적인 반대로 부결된 것도 짚어 볼 필요가 있어. 기본소득으로 매달 거의 300만 원이나 주겠다는 내용이었는데 말이야.

민주 좋은 일을 남의 눈치 보고 하라는 거야? 좋은 일이라면 더 많은 이가 참여하도록 장려해야지. 수준 높은 복지제도가 이주민 입장에서는 매력적일 수 있지만, 기본소득을 받기 위해 이주를 감행할 거라는 생각은 지나친 발상이야. 이주의 형태와 원인은 훨씬 더 복잡해. 기본소득을 보장하지 않더라도 이주민은 노동 수요를 찾아 국경을 넘게 마련이야. 주권국가가 이주노동자를 인위적으로 막지 않는다면 이주민들이 경제적 계기를 찾아 이동하는 건 자연스러운 현상이니까. 무엇보다 난민의 이주는 정치 상황이나 지리적 근접성에 가장 큰 영향을 받는다고.

현우 스위스에서 기본소득 보장을 위한 개헌안이 반대 76.9퍼센트로 부결된 것도, 23.1퍼센트에게는 그 필요성을 인정받은 셈이잖아. 꼭 그렇게 부정적으로만 볼 필요는 없지. 지금도 많은 나라에서 기본소득에 관한 논의가 진행되고 있어. 핀란드를 비롯해 여러 국가에서 시행 중이거나 시험 단계에 있고, 어떤 결과가 나올지, 어느 수준까지 논의가 진행될지는 알 수 없지만 과거보다 현실화된 수준인 건 확실해.

다솜 너무 낭만적인 이야기다. 자국민을 잃게 될 국가들은 지금도 내전이나 부패 등으로 어려운 상황에 처했는데, 핀란드처럼 기본소득을 포함한 복지제도까지 마련하는 건 불가능한 일처럼 보여. 오히려 이들을 위한 일자리를 늘리고 모두가 노동에 참여하도록 하는 게 더 현실 가능성이 높지 않아?

현우 자국의 경제적 상황이 나쁜 건 별개야. 기본소득은 유럽에서만 논의되는 게 아니야. 아프리카 나미비아에서는 정부 예산의 5퍼센트를

기본소득을 시행하거나 준비 중인 국가

아이슬란드
(국가)

핀란드(국가)

네덜란드
(지자체)

독일(지자체)

이탈리아(지자체)

스페인
(지자체)

인도(지자체)

우간다
(비영리단체 실험)

나미비아
(지자체)

미국
(알래스카주)

캐나다
(지자체)

미국
(지자체)

브라질
(지자체)

부분 시행 중
2017년부터 시범 실시
시범 실시 논의 중
※괄호 안은 시행 주처

출처: 한겨레신문

전 국민에게 기본소득으로 지급했는데, 최하층민이 76퍼센트에서 37퍼
센트로 감소했고, 체중 미달인 어린이가 42퍼센트에서 17퍼센트로 줄
었대. 오히려 무기력한 경제적 불능 상태에서 노동 의욕을 북돋우고 있
다고 평가받고 있어.

수호   그래도 일자리를 늘리고 되도록 많은 사람이 노동에 참여하도록
하는 게 우선되어야 해. 그다음에 부족한 건 보조가 되어야 하고. 간단
히 기본소득으로 해결하려는 건 우선순위가 잘못된 거야. 그리고 장차
다가올 미래에 인간의 수명은 늘어나지만 인구는 줄어들 거야. 경제 활
동 인구가 감소하고 비경제 활동 인구가 증가하는 현상 때문에 실업이

아니라 노동력 부족의 문제가 나타날 거라고.

현우 이건 낭만이 아니야. 생존이라고. 물론 수호처럼 예측하는 경제학자도 있지만, 경제학자 제레미 리프킨은 《노동의 종말》에서 기계화와 자동화로 인해 인간 노동이 기계로 대체될 거라고 예측했어. 그러면 실업자가 된 사람들은 거리에 나앉을 거라고. 지금도 봐, 저렴한 인건비를 이유로 아시아 국가에 공장을 건설했던 나이키 공장도 하나둘씩 철수하고 있어. 본국에서 로봇으로 쉼 없이 공장을 돌릴 수 있기 때문이지. 생산지와 시장이 같은 곳에 있으니 배송비도 아낄 수 있고.

민주 먼 미래의 일로 생각되지만, 현우 말이 맞아. 기존의 경제 구조에서라면 실업자들은 거리에 나앉을지도 모르지. 낭만적인 이야기로 여길 게 아니라 근본적인 생각의 변화가 필요해. 열심히 육체를 움직이거나 머리를 써서 화폐로 창출되는 가치를 만들어 내는 것만이 노동이라고 생각한다면 노동은 종말을 맞고 말 거야. 기계가 아닌 인간만이 할 수 있는 고유의 역할을 찾아야 한다는 데 동의해. 기본소득은 그 대안으로 모색되는 것이지.

다솜 흠. 기본소득 논의는 국가라는 지리적인 범위뿐만 아니라, 시간상으로도 생각보다 넓은 범위에서 이루어지는구나. 예전에 '알파고 리'가 바둑 천재 이세돌을 이겼을 때도 인공지능의 능력에 놀랐는데, 그 뒤로 '알파고 제로'가 단 3일 동안 스스로 바둑을 학습해 '알파고 리'를 상대로 완승을 거두었다는 뉴스에 충격을 받았거든. 하루가 다르게 발전하는 인공지능을 보니 미래에 인간이 할 수 있는 일은 무엇인지 고민이 들더라. 다가올 인공지능 시대에 인간의 노동이 얼마나 의미 있을까 싶어.

현우 기본소득 논의는 많은 사람의 의심과 우려를 사고 있지만, 다가올 인공지능과 로봇의 시대에도 기존의 경제 구조가 유효할지 생각해 보면 심각하게 고민해야 할 제도인 건 확실해. 다른 국가와 우리나라에서 부분적으로 시행되고 있는 제도들의 경과를 보면서 확대 시행되면 좋겠다. 그래야 내가 기본소득을 받고, 게임 전문가가 되어 알파고 제로를 이길 테니까 말이야. 하하.

민주 이제 다들 한 번씩 보고서 작성을 하고 다시 내 차례로 돌아왔네. 기본소득이라는 아이디어만이 아니라 구체적인 실천 방법도 함께 논리적으로 바라보려면 애를 좀 먹겠어. 기본소득을 국민투표에 부쳤던 스위스 사람들은 어떤 생각을 했을까? 우리나라에서도 기본소득에 대한 논의가 점차 확산되고 있으니 스위스 사람들처럼 국민적 논의를 하는 때가 올 거야. 그때 우리는 어떤 투표를 하게 될까? 내가 원하는 건 무엇일까? 나에게 기본소득이 보장된다면 무엇을 할까? 그리고 남들에게도 같은 권리가 보장되는 것을 나는 허용할 수 있을까?

○ 기본소득을 보장하면 사람들이 의미 있는 일들을 찾아낼 거라고 하는 사람들도 있지만, 대체로 일할 동기를 잃을 것이며 열정적으로 일할 사람은 소수일 거라 예상하는 사람도 많다.

○ 어떤 사람은 도움이 필요한 사람에게 구체적인 필요를 따져서 지원하는 게 기본소득보다 바람직하다고 본다. 다른 이들은 '도움이 필요한 사람'을 대상으로 이루어지는 기존의 복지제도는 복지 수혜자를 패배자로 낙인찍는 효과가 있으며 행정적으로 관리 감독하는 복지비용만 늘릴 뿐이라고 한다.

○ 기본소득은 생존권 보장을 목적으로 운용되지만, 불필요한 것을 사는 데 쓸 수도 있다. 그러나 인간다운 삶은 생명 연장만으로 충분하지 않다는 재반론 역시 가능하다.

○ 기본소득은 개념상 보편적으로 시행되어야 하지만, 가난한 사람에게 선별적으로 이루어져야 한다는 반론도 존재한다. 반면, 기본소득이 능력이나 필요에 따라 차등적으로 지급하는 보조적 수단이 아니라 국민이라면 누구나 갖게 되는 기본적 권리이기 때문에 부자든 가난하든 상관없이 지급되어야 한다는 의견이 맞서고 있다.

○ 기본소득이 전 세계적으로 시행되지 않는 이상, 기본소득을 시행하는 일부 국가에만 이주민이 몰리게 될 것이라는 우려가 있다. 그러나 이주민이 기본소득만으로 이주를 결정하지는 않으며, 이주 현상은 노동이나 문화 등 다양하고 복잡한 이유로 나타난다는 주장도 있다.

○ 다가올 미래에는 기계와 로봇이 인간의 노동을 대체할 것이다. 따라서 기본소득을 통해 생존에 대한 안정을 보장하고 인간만이 할 수 있는 가치 있는 일을 찾도록 하는 것이 대안이라고 본다. 반면 인간의 수명이 늘어나고 경제 활동 인구가 줄면서 노동력 부족 사태를 겪게 되리라고 예측하는 입장도 있다.

여섯째 모임

보이지 않는 이웃

한국에서 이주민으로 살아가기

어떤 일이 벌어지고 있을까?

휴가철에 인천공항이 발 디딜 틈 없이 붐비는 모습은 귀경길 고속도로가 막히는 것만큼 흔한 광경입니다. 많은 사람이 해외여행, 출장, 유학 또는 이민 등 저마다의 이유로 국경을 넘나들지요. 자신의 꿈을 찾아 세계 곳곳을 종횡무진하며 사는 삶. 21세기형 유목민이 따로 없어 보입니다.

한편 빈번히 발생하는 도심의 폭탄 테러 사건, 우리나라 고등학생의 IS 테러조직 가입, 목숨을 걸고 줄지어 탈출하는 난민의 행렬은 우리가 간과하기 쉬운 세계화의 모습이기도 합니다.

어찌 되었건 오늘날 매우 많은 사람이 저마다의 이유로 국경을 넘고, 한 번 태어나면 그곳에 뿌리박고 살던 과거와는 다른 이야기가 펼쳐지고 있습니다.

우리나라에도 국경을 넘어 이주해 온 이웃이 살고 있습니다. 결혼이주여성라고 불리는 사람들입니다. 1990년대부터 우리나라 농촌에 젊은

이가 줄고 남성들의 배우자 찾기가 어려워졌습니다. 이때 국제결혼이 장려되고 많은 외국인 여성이 사랑을 찾아 우리나라로 왔지요. 지금도 일부 지방자치단체에서는 외국인과 혼인하는 농촌 총각에게 결혼 비용을 지원해 줍니다. 하지만 심심치 않게 들려오는 뉴스를 보면 결혼이주 여성들은 소중한 가족으로 대접받지 못하는 것 같습니다. 결혼이주여성의 가정폭력 피해 신고가 이어지고, 최근에는 베트남 출신 여성이 자녀들이 보는 앞에서 시아버지에게 살해당하는 사건이 발생했습니다. 이뿐이 아닙니다. 결혼이주여성의 자녀도 생활에 어려움이 많습니다. 생김새가 다르다는 이유로, 또는 우리말이 유창하지 않다는 이유로 따돌림을 당하거나 학교를 이탈하는 경우도 많습니다.

안녕하세요, 여러분. 저는 오늘 세상과 작별 인사를 합니다. 회사에서 스트레스도 받았고, 다른 공장에 가고 싶어도 안 되고, 네팔 가서 치료를 받고 싶어도 안 됐습니다. 제 계좌에 320만 원이 있습니다. 이 돈은 제 아내와 여동생에게 주시기 바랍니다.

이 짧은 글은 코리안 드림을 찾아 우리나라에 온 27세 네팔 청년이 회사 기숙사 옥상에서 뛰어내리기 전에 작성한 것입니다. 이 청년은 결혼한 지 2개월 만에 고향을 떠나 우리나라에 있는 베어링 제조 공장에 취업해 1년 4개월간 일했는데, 지나치게 많은 업무와 극심한 불면증에 시달리다가 극단적인 선택을 하고 말았습니다. 이 무렵 경상북도 군위 군의 한 양돈장에서 네팔 출신 노동자 두 명이 돼지 분뇨의 이동 통로에서 작업을 하다 질식해 사망한 사건도 일어났습니다. 노동자들은 사업장도 마음대로 옮기지 못하고 임금을 체불당하는 데다 목숨까지 위협받는 작업 환경에서 인간 이하의 대우를 받으며 일하고 있었습니다.

고용허가제는 외국의 노동자를 합법적으로 유치하기 위해 만들어진 제도로, 고용주가 필요한 인력을 신청하면 정부가 취업 비자를 받아 입국하는 외국인을 연결해 줍니다. 고용허가제로 입국한 사람은 3년 동안 일하면서 사업장을 세 번 옮길 수 있고, 이직을 하려면 고용주의 허가가 있거나 폐업 또는 임금 체불 등의 사유가 있어야 합니다. 그러나 실제로 고용주는 매우 까다로운 절차를 악용해 노동자에게 강제 노동, 차별, 욕설 등 인권침해를 일삼고 있습니다.

사업장 변경을 제한하는 조항이 헌법이 정하는 직업의 자유를 침해한다고 헌법소원이 제기되었지만, 2011년에 헌법재판소는 합헌임을 확인했습니다. 그로부터 10여 년이 지난 2020년 3월에 이들은 또다시 헌법소원을 제기한 상태입니다. 고용노동부는 고용허가제로 이주노동자 관리가 성공적으로 이루어지고 있으며 불법체류자를 줄이는 데 매우 효과적이라고 평가합니다. 불법체류자를 줄이기 위해 이주노동자의 인권이 침해받고 있는 현실은 눈감아도 되는 것일까요?

그런데 결혼이주여성도 이주노동자도 아닌 이들이 있습니다. 바로 난민입니다. 난민은 전쟁이나 테러, 자연재해 등의 이유로 살던 곳을 떠나 다른 나라로 탈출하는 사람들을 말합니다. 이들은 생명, 신체 또는 자유에 대한 위협으로부터 자신을 지키기 위해 삶을 터전을 뒤로합니다.

유럽 국가들은 시리아 내전으로 물밀듯이 밀려드는 난민 문제에 골머리를 앓고 있습니다. 이들을 받아들여야 할지, 받아들인다면 얼마나 수용해야 할지, 수용한다면 그들에게 어떤 권리를 인정해야 할지를 두고 정치적인 갈등을 빚고 있습니다. 많은 국가가 난민이 세금을 축내고 사회적 비용을 증가시키며 일자리를 빼앗아 갈 것이라며 난민 수용에 거부감을 표합니다. 우리나라도 난민을 받아들이는 데에 꽤 부정적인 입장을 취합니다.

몇 년 전, 고등학생 김모 군이 SNS를 통해 국제적 테러조직인 IS에 가입한 데 이어 파리 지하철 테러범인 IS 조직원 중 한 명의 지갑에서 우리나라 교통카드가 발견되었습니다. 이 조직원은 우리나라에서 이주 노동자로 일했던 이력이 있었던 것이지요. 그러자 테러 청정 국가임을 자처했으나 실제로는 출입국과 외국인 관리가 허술한 것이 아니냐는 지적이 제기되었습니다. 이런 사회적 분위기 속에서 조국을 떠나 온 낯선 이방인을 받아들이는 선택은 더욱 쉽지 않은 문제가 되었습니다.

헌법상 기본권은 일정 부분 외국인에게도 적용됩니다. 또한 헌법 제5조가 정하는 국제평화주의 원칙에 따라 국가는 국제법 질서 안에서 책임 있는 모습으로 외국인의 지위를 보장해야 하는데, 실제로는 어떨까요?

국경 넘기보다 어려운 한국인과 가족 되기

논점 1: 결혼이주여성과 인권

다솜 민주야, 명절 잘 보냈어? 나는 명절 내내 서울에 있었는데 사람들이 없어서 서울이 썰렁하더라고. 오늘 토론을 준비하느라 그런지, 그동안 잘 안 보이던 외국인들이 더 잘 보이는 거 있지? 마치 내가 나고 자라온 서울이 외국이고, 내가 이방인인 것처럼 느껴졌어.

민주 나는 명절에 할머니, 할아버지가 계시는 시골에 다녀왔는데 마을에 못 보던 얼굴들이 많이 보이더라. 중국, 베트남, 필리핀 등 국적도 다양한 결혼이주여성을 만나서 우리나라에서 살아가는 이야기도 들어봤어.

수호 너희 얘기 듣고 보니 우리나라 사람은 다들 해외로 나가고 외국인만 남아 있었나 봐. 이번에 가족들이랑 할머니 생신 기념으로 해외여행을 다녀왔는데 인천공항에 사람이 어찌나 많던지, 발 디딜 틈이 없더라니까? 이게 바로 세계화 현상이 아닌가 싶더라고.

현우 수호야, 그건 딱 초등학생 수준이고 이제는 그 이면도 볼 줄 알아야 하지 않겠니? 세계화는 마냥 낭만적이지 않다고. 세계 어느 곳이든 하루 만에 날아갈 수 있다는 설명은 굉장히 많은 그늘을 숨기고 있어. 실제로 국경을 넘은 이주민은 이방인이라는 이유만으로 차별받고 소외되며 지내는 경우가 많아. 국경을 넘는 건 쉬울지 몰라도 문화 차이와 차별적인 시선을 극복하기란 굉장히 어려운 일이지.

민주 안 그래도 이번에 시골에서 결혼이주여성들이 겪는 문제를 들으면서 단순히 남의 가정사로 여길 게 아니라는 생각이 들었어. 가정에서 겪는 문화적 차이로 인한 갈등도 그렇고, 남편을 포함한 가족들로부터 받는 폭언이나 폭행 등 인권침해도 그렇고. 심지어 얼마 전에는 한 베트남 출신 결혼이주여성이 용돈을 주지 않는다는 이유로 자녀들 앞에서 시아버지에게 살해당하는 일이 발생했어. 단지 한국인과 결혼했다는 이유로 이런 대우를 받다니, 결혼이주여성들을 농촌 총각의 결혼 문제를 해결하기 위한 수단으로만 생각하는 것 같아서 씁쓸했어.

현우 아직도 농촌에는 가정을 꾸리고 싶어도 국내에서 신부를 구하지 못한 농촌 총각들이 국제결혼을 해서라도 짝을 찾고 싶어 해. 인구 감소를 우려하는 지방자치단체는 국제결혼을 하는 농촌 총각에게 결혼 지원금까지 준대. 그런 뉴스를 접하면 이렇게까지 국제결혼을 장려해야하나 싶기도 해. 그냥 어떻게든 결혼하고 출산해서 인구가 늘면 된다는 식의 논리로 결혼이주여성들의 인권을 지킬 수 있을까?

수호 결혼을 못하는 농촌 총각들의 결혼 비용을 지원해 주는 건 나쁘지 않다고 생각해. 농촌은 이미 오래전부터 공동화되었고, 새로 모여드는 인구도 없는 데다가 출산율도 낮아. 지방자치단체 차원에서는 존립이 걸린 문제니까 이러한 정책이라도 시행해야겠지.

다솜 맞아. 더 좋은 방법도 마땅히 없잖아? 문화 차이나 가정폭력을 염려해서 국제결혼을 지원하지 않는 것도 해결책은 아니야. 구더기 무서워서 장 못 담그는 것도 아니고. 농촌 총각도 결혼하고 자녀도 낳아 가정을 꾸리고 싶은데 못하는 거잖아. 복지 혜택의 하나로 결혼 지원금을 지급해 주면 좋지.

민주 듣기에 따라 좋은 제도일 수 있어. 그렇지만 외국인 신부를 돈으로 사 온다는 인식이 강한데 지자체가 돈까지 줄 필요가 있냐는 거지. 2010년에는 캄보디아 정부가 국제결혼이 인신매매에 이용되고 있다면서 한국인과 자국 여성이 결혼하지 못하게 막았었어. 이런 식이라면 국가가 매매혼을 장려한다는 오해를 받기에 딱 좋지, 안 그래?

수호 국제결혼이 다 매매혼은 아닌데 그런 사례들 때문에 우리나라에 정착해 잘 살고 있는 결혼이주여성까지 싸잡아 선입견이 생기는 거 같아. 돈 주고 사 온 신부라는 오명 때문에 정착이 더 어렵게 되고. 정부는 국제결혼이 매매혼이나 위장 결혼이 아닌지를 꼼꼼히 심사해야 해. 영주권과 국적이 정말 필요한 사람들에게 부여되도록 해야 할 거야.

현우 국제결혼이 매매혼의 경로가 되고 있다면 정부가 제재해야겠지. 그런데 그런 노력이 현재 한국에 살고 있는 결혼 이주여성과 그 가족들에게 과연 얼마나 도움이 될까? 대한민국 입국 전부터 매매혼인지 아닌지, 정말 한국인이 되고 싶은지 진의를 의심하면서 영주권과 국적을 조건부로 내세우는 것 자체가 결혼이주여성의 정착이나 인권 보호에 위배되는 거 아닌가?

다솜 지자체의 국제결혼 지원금이 매매혼을 장려하는 것 아니냐고 비난하는데, 진지한 혼인의 의사가 있는지 확인하는 것까지 소홀히 한다면 그거야말로 진짜 문제 아냐? 어느 국가건 미혼 여성이 영주권이나 국적취득 신청을 할 때는 인신매매를 통한 성매매 등에 악용되지는 않는지 검토하니까. 그러지 않으면 나중에 더한 인권침해를 당했을 때 사후적으로 구제하는 방법밖에 없잖아.

민주 뭐, 다 틀린 말은 아니야. 단지 지방자치단체가 농촌 총각에게 보조하는 걸 굳이 그런 방식으로 지급할 수밖에 없냐는 거지. 상황이 그렇다면 결혼이주여성의 정착을 돕는 데 그 돈을 쓰는 게 낫지 않을까? 국제결혼 가정의 불화나 미흡한 의사소통 문제가 결혼이주여성의 정착을 어렵게 하고 인권침해에 대항하기 어렵게 만든다면 말이야.

현우 맞아. 부부가 서로의 문화를 이해하고 언어를 배울 수 있게 하거나 상담을 지원하는 방법도 있잖아. 사실 말이 다문화지 현재 다문화 가정 지원은 결혼이주여성에게 일방적으로 한국 문화를 가르치는 수준이야. 그 내용도 예절이나 음식 문화 등을 교육하는 정도이고. 정말 다문화라면 한국인 배우자도 배우자 나라의 문화를 이해하고 공유해야 하는 거 아니야?

민주 다문화 가정의 자녀도 피부색이나 언어 때문에 차별이나 학교폭력에 노출되어 있어. 엄마가 외국인이라는 이유로 자녀들이 움츠러들 건 아니잖아. 다문화 가정 지원의 내용도 문제지만 다문화 가정과 함께 살아가는 많은 한국인 가정의 인식도 함께 바꾸는 노력을 해야 해. 다문화에 대한 이해도가 높아져야 다문화 가정에 대한 편견이나 차별이 개선될 수 있으니까. 무지나 섣부른 오해에서 시작하는 말이나 행동이 이들 가정에는 상처로 남는 게 아닐지, 반성해야 돼.

현우 정부가 농촌 총각 장가보내기에 혈안이 된 나머지 무조건 결혼

만 성사시키면 될 줄 알았던 거야. 결혼이주여성의 삶에 대한 이해 없이 다문화 가정이라는 허울 좋은 이름으로 국제결혼 가정의 문제를 덮어 버리고 싶었던 거라고. 요즘 다문화 가정의 결혼이주여성은 다문화 가정이냐고 물으면 '다문화 아니고 연애결혼'이라고 답한다잖아. 잘못된 인식의 출발이 국가정책에 반영되고, 그러는 사이 다문화 가정은 매매혼으로 이뤄진 거라는 선입견이 생긴 거야. 다문화가 오직 국제결혼으로 만들어지는 것도 아닌데, 심지어 매매혼을 의미하는 말로 왜곡된 것이지.

수호 나는 나중에 외국인 여성과 결혼하게 되면 외국어도 배우고, 그 문화도 배울 거야. 내 아이들에게 나와 내 아내의 나라 모두의 언어와 문화를 물려주고 싶어. 결혼 상대의 문화나 가치를 존중하고 배려해야 더 많은 기회와 경험을 통해 행복한 삶을 살 수 있다고 믿으니까. 다문화의 진정한 가치가 바로 이런 것 아니겠어?

다솜 오호. 외국인 여성과 결혼하는 걸 상상해 봤다는 거지? 부디 그런 남편이 되길 바란다. 난 수호처럼 생각하는 사람이 많아졌으면 좋겠어. 결혼이주여성들도 우리나라에서 외롭지 않고 행복하게 살아갈 수 있도록 말이야. 명절 기간에 잠시 느껴 본 거지만 이방인이 된 기분은 정말 외로웠다고.

노동력이 아닌 한 사람

논점 2: 이주노동자와 고용허가제

현우 이주노동자 문제를 생각하면 정말 남의 일 같지가 않아. 우리 형이 작년에 워킹홀리데이 비자로 호주에 갔다가 지난주에 귀국했거든.

민주 아, 지난 주말에 영화관 앞에 너랑 같이 지나가던 사람이 너희 형이야? 뭐든 못하는 게 없다고 항상 자랑하던 능력자, 민우 형!

현우 응. 형이 호주에서 고생을 많이 하고 돌아왔어. 일식당에서 일하다가 크게 다쳤는데 사장이 치료비를 주기는커녕 근무 시간을 채우라고 요구했대. 평소에도 인종 차별적으로 말하고 월급도 제때 주지 않아 빚을 지는 바람에 이래저래 힘겨웠다고 하더라고. 형이 겪은 일만 생각하면 마음이 아파.

다솜 우리 엄마도 민우 오빠를 항상 칭찬하셨어. 어려서부터 공부도 운동도 잘하고, 마음도 착한 데다 예의까지 바르다고. 그런데 오빠가 새로운 경험을 해 보고 싶다고 떠난 호주에서 그런 일을 겪었다니, 정말 속상하다.

현우 호주는 이주민이 많은 나라라서 외국인에게 친화적인 환경일 거라 생각했는데, 어느 나라나 이주민으로 살아가기는 녹록치 않은가 봐. 호주가 그 정도면 우리나라에서 일하는 이주노동자들은 얼마나 열악한 환경에 있을까?

민주 얼마 전 베어링 제조 공장에서 근무하던 네팔 출신 노동자가 회사 기숙사 옥상에서 자살한 사건이 있었잖아. 처음에는 회사가 맘에 들지 않으면 옮기면 되지 왜 목숨까지 끊었을까 의문이 들었는데, 회사를 옮기려 해도 우리나라 법상 그게 쉽지 않았대.

현우 응. 고용허가제로 우리나라에 취업하는 외국인은 3년 동안 사업장을 세 번만 옮길 수 있어. 그마저도 임의로 이동할 수 없고 고용주의 허가를 받거나 폐업, 임금 체불, 기타 인권침해 등의 사유가 있어야 가능해. 이러한 사유 없이 사업장을 이탈하면 불법체류자가 되니까 고용주들이 이 점을 악용한다고 하더라. 임금 체불은 물론이고 과도한 근무 시간에 폭언, 폭행까지 일삼는데.

민주 진짜 너무하다. 힘들고 고된 일을 도맡아 하는데 그렇게까지 해야 하는 거야? 나도 신문 기사에서 봤는데 경상도 어느 지역에서 네팔 출신 노동자 2명이 가축 분뇨 시설에서 안전에 대한 보호 장비도 없이 장시간 근무하다 질식해 사망했대. 일터에서의 존엄함은 과거 노예 노동이나 산업혁명 시대만의 문제가 아닌 현실의 문제더라고.

수호 나도 그런 몰지각한 고용주는 이주노동자를 고용하지 못하게 제재해야 한다는 데 동의해. 하지만 이주노동자들이 근무지를 쉽게 변경할 수 있다면 국내 취업자들과 경쟁하게 될 테고 실업자는 더욱 늘어날 거야. 그러니까 정부가 처음 허가한 고용주의 고용 목적대로 근무할 수 있도록 하고 근무지 변경은 최소한으로 허락할 수밖에 없어.

다솜 고용허가제가 시행되기 전에는 산업연수생제도를 통해서 이주노동자들이 국내 기업에서 연수를 하고 취업할 수 있었어. 그런데 다수가 근무지를 이탈해 불법체류자로 국내에 머무른 거야. 사업주들은 더 싼 비용에 불법체류자들을 고용할 유혹을 받게 되고, 이주노동자들은 인권침해에 노출되는 문제가 발생했지. 고용허가제는 정부가 근무지 이동을 제한하고 관리하니까 산업연수생제도에 비하면 불법체류자 수를 줄이고 관리하는 데 효과적이라고 볼 수 있어.

현우 효율적인 관리를 위해서 이주노동자들의 열악한 노동 환경과 노동권 침해를 어쩔 수 없는 부작용으로 이해해야 하는 거야? 솔직히 말하면 이주노동자를 손쉽게 사용할 수 있는 간편한 노동력으로 생각했는데, 인권이니 노동법이니 하는 부수적 비용이 많이 드는 게 귀찮은 거 아니야?

수호 그렇게까지 비하할 필요는 없어. 현재 고용허가제는 3년간 한 사업장에서 일하며 성실근로자로 인정받으면 1년 10개월을 더 일할 수 있게 하고 있어. 자국으로 돌아가 3개월간 쉬었다가 다시 같은 사업장에 취업할 수도 있고. 최장 9년 8개월까지 일할 수 있다고.

민주 그래, 제도상으로는 그럴 수 있겠지. 그런데 조금 씁쓸하다. 오랫동안 힘든 일들을 해 왔는데, 그들의 수고는 우리나라에 아무것도 아닌 건가 싶어서 말이야. 이주노동자에게 주는 퇴직금은 출국 이후 14일 이내에 주게 되어 있는데, 이런 제도조차도 이주노동자들이 퇴직금을 받아서 우리나라에 남을까 봐 그런 거 아냐? 퇴사한 이주노동자들이 자국으로 돌아간 뒤에 사측에서 퇴직금을 주지 않고 나 몰라라 하면 어떡해? 외국에서 소송하기도 어렵고 소송비용도 많이 들 텐데. 진짜 치사한 법이야.

다솜 그럼 더 좋은 방법이라도 있어? 고용허가제의 허점이 고용주에게 악용되어 이주노동자의 인권침해를 불러 온다면 일부 조항을 수정

할 수는 있지만 그렇다고 불법체류자가 늘어나는 걸 눈감을 수는 없잖
아. 날이 갈수록 외국인 범죄도 늘어 가는데 어디서 머무는지도 파악할
수 없는 불법체류자까지 더해지면 우리 사회에 더 큰 위험으로 작용할
거야. 정부는 외국인의 출입국과 체류 관리를 보다 확실하게 해서 불법
체류자를 줄여 나가야 해. 아무도 신분이 불확실한 이웃과는 살고 싶어
하지 않아.

현우 범죄 발생 건이 많아지긴 했어도 외국인의 범죄율은 내국인의
절반 수준이야. 그런데도 내국인들은 이주노동자를 위험한 존재로 인식
해서 경계하고 있어. 외국인의 강력 범죄 사건이 미디어에 크게 보도되
는 탓도 있는 거 같아. 이런 식으로 외국인에 대한 편견과 오해가 쌓여
서 이주노동자들의 적응을 더 어렵게 만들고 있어.

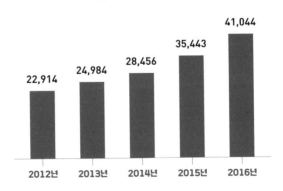

외국인 범죄 추이(단위: 건)

41,044

35,443

28,456

24,984

22,914

2012년 2013년 2014년 2015년 2016년

출처: 헤럴드경제

수호 그래도 외국인에게 정주 자격을 부여한다면 고용허가제로 입국하는 비숙련 노동자보다는 전문성을 가진 인재에게 부여하는 편이 우리나라에 더 도움이 되는 거 아닐까? 처음부터 단순 노무 인력과 구별되는 고급 인력을 유치하기 위해 비전문 취업 비자와 전문 취업 비자를 따로 발급하고 있잖아.

민주 단순 노무 인력과 전문 인력이 활동하는 분야는 구별되겠지. 하지만 직업에는 귀천이 없다고. 어떤 직업이든 사람이 하는 일이잖아. 단순 노무직이든 전문직이든 우리나라에 오랫동안 머물며 기여한 바가 있다면 정주할 수 있는 기회를 줘야 맞는 게 아닐까? 여전히 국가 입장에서 전문 인력만이 도움이 된다고 생각한다면 입장을 바꿔서 상상해 봐. 외국에서 오랫동안 일했는데 네가 해 왔던 일들은 누구라도 할 수 있는 사소한 일이었으니 이제 그만 당신 나라로 떠나 달라고 한다면 어떻겠어?

다솜 내가 너무 경직되게 사고하는 걸까? 지금까지 불법체류자는 그야말로 '불법으로 체류하고 있는 외국인'이고 본국으로 돌아가야 하는 사람이라고 생각했거든. 우리나라에 고급 인력이 많이 들어와 정주하면 국가에 도움이 되는 일이라고 믿었고. 그런데 오늘 이야기를 나누고 보니 '불법체류'라는 용어에 사로잡혀서 전부 퇴출시켜야 하는 게 옳다고 생각했던 건 아닌가 싶어.

현우 '불법'이라는 고정관념 속에서 이주노동자를 이해하려고 한다면 부정적인 평가와 편견이 앞서게 되고 차별로 자리 잡게 되지. 그래서 불법체류자라는 말보다는 '미등록 외국인'이라고 고쳐 부르면 좋겠어. 어디에도 불법인 사람은 없으니까.

죽음을 피해 온 사람들

논점 3: 난민 수용과 지원

수호 한국인 고등학생 김모 군이 테러단체인 IS에 스스로 가입했다는 뉴스 기억나? 터키에서 실종돼서 행방을 알 수 없다던 소식도 들려왔었는데.

다솜 그럼, 기억하지. SNS로 접촉해서 가입했다는데 진짜 세계화가 무섭게 느껴졌었어. 얼굴 한번 본 적 없는데 인터넷을 통해 지구 반대편에 있는 고등학생을 국제테러단체에 가입시키다니 말이야.

현우 평범한 고등학생이었다는데 누가 상상이나 했겠어? 그 뒤로 프랑스 파리 테러에 가담한 IS 조직원의 지갑 속에서 대구 교통카드와 우리나라 회사의 사원증이 발견됐지. 우리나라에 체류했던 이주노동자가 테러조직원이었다니, 깜짝 놀랐어.

민주 그 뒤로 출입국 통제를 강화해야 한다는 여론이 들끓었어. 미등록 외국인에 대한 인식도 더 안 좋아졌고. 우리나라만이 아니라 전 세계적으로 이주민에 대한 반감이 갈수록 커지고 있어. 미국에서도 트럼프 대통령이 미등록 외국인을 모두 추방시키겠다고 엄포를 놓았잖아. 테러에 대한 공포, 줄어드는 일자리, 경기 악화에 대한 불만은 이주민들에 대한 반감으로 이어지고 있어.

현우 유럽도 상황은 마찬가지야. 유럽은 시리아 내전으로 갈 곳 없는 난민들의 목적지가 되고 있는데, 밀려드는 난민들을 수용할 수 없다며 몇몇 국가가 난색을 표하고 있어. 자국의 실업률과 외국인 범죄율이 상승할 것을 우려한 거지. 독일에서는 메르켈 총리가 난민 수용에 관용적인 태도를 보이자 이에 반대하는 시위가 일어났잖아.

수호 해외에서는 난민 문제가 심각하구나. 국내 이주민 문제만 이슈라고 생각했는데 말이야. 공부 핑계로 내가 너무 무심했나 봐.

다솜 난민 문제는 유럽에서나 일어나는 먼 나라 이야기가 아니야. 최근 우리나라에 입국하는 난민도 눈에 띄게 늘어나고 있어. 시리아 난민이 유럽으로만 간 게 아니야. 우리나라에도 왔다고.

민주 다른 국가에 비하면 입국자 수가 적지만 최근 우리나라에 들어오

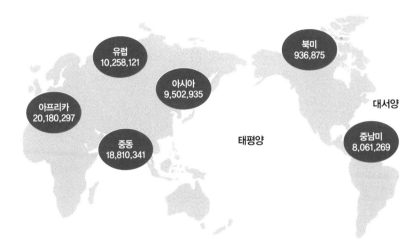

2016년 세계 난민 현황(단위: 명)

- 유럽 10,258,121
- 아시아 9,502,935
- 아프리카 20,180,297
- 중동 18,810,341
- 북미 936,875
- 중남미 8,061,269
- 태평양
- 대서양

출처: 유엔난민기구

는 난민이 늘어나고 있는 건 사실이야. 신청자가 매년 급증하는데 난민 인정 건수는 매우 적어. 2018년 난민 신청자는 1만 6,000명이 넘었는데 난민 지위를 인정받은 사람은 고작 144명으로 전체 1퍼센트도 되지 않아. 그럼 나머지 99퍼센트는 어디로 갔을까? 죽음의 위협으로부터 피해 온 사람들인데 우리 정부는 난민 인정에 너무 인색한 거 같아.

현우 그거 알아? 시리아 내전 이후 우리나라에 시리아 국적의 난민 신청자가 꾸준히 늘어서 1,000명을 넘어섰는데, 난민 인정을 받은 사람은 손에 꼽을 정도래. 거의 바늘구멍 뚫기 수준이야. 지중해 어느 해변에서

한국의 난민 인정자 수(단위: 명)

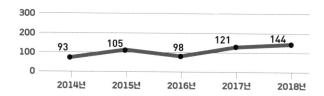

	2014년	2015년	2016년	2017년	2018년
	93	105	98	121	144

한국의 난민 신청자 수(단위: 명)

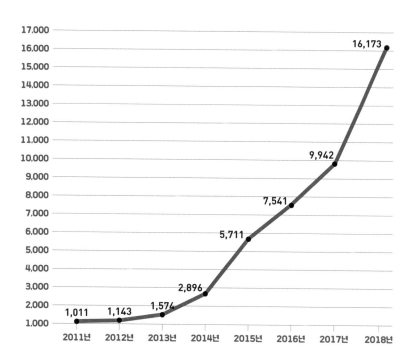

2011년	2012년	2013년	2014년	2015년	2016년	2017년	2018년
1,011	1,143	1,574	2,896	5,711	7,541	9,942	16,173

출처: 〈출입국·외국인정책 통계월보〉, 법무부

차갑게 죽음을 맞이한 난민 아이 쿠르디가 우리나라에 왔다 한들 살 수 있었을까?

다솜 난민의 딱한 처지는 안타깝지만 난민 심사가 깐깐하게 이뤄지지 않으면 아까 이야기한 것처럼 테러단체 조직원들이 허점을 노리고 우리나라에 입국하게 될 수도 있지 않겠어? 그나마 우리나라가 분단된 상황이고 반도라는 지리적 특성으로 유럽이나 미주 지역보다 테러의 위협으로부터 안전할 수 있었다고 생각해. 인도적인 차원에서 난민을 받아들이고 지원하는 것도 좋지만 자국민의 안전이 우선돼야 해.

수호 난민법상 난민으로 인정받으면 의료보험과 기초생활보장, 교육, 주거 지원 등의 혜택을 누릴 수 있어. 우리나라에 노숙자나 실업자도 많은데 왜 난민에게 국민의 세금을 써야 해? 나도 난민이야. 성적 난민, 취업 난민, 청소년 난민, 행복 난민. 의무적으로 군대도 가야 하고. 나도 복지가 잘 되어 있는 다른 나라로 가면 좋겠지만, 그런 나라에서 나를 난민으로 인정해 주는 것도 아니잖아. 아무래도 난민 인정에 있어서는 주권국가의 결정이 우선할 수밖에 없는 거야.

현우 수호야. 넌 인류애도 없니. 어쩜 그렇게 잔인한 이야기를 아무렇지 않게 해? 국내 문제는 정부가 해결해야 할 주요 문제이지만, 둘 사이에 우선순위를 두어 난민을 받지 않는다고 하는 건 편협한 생각이야. 난

민 인정을 받는다고 엄청난 혜택이 있는 것도 아니야. 그저 대한민국에서 추방당하지 않고 살 수 있는 정도의 지원인데 어마어마한 혜택을 받는 것처럼 말하고 있잖아. 의료보험도 그래, 보험료를 납부할 수 있는 권리를 주는 거지, 의료비를 전액 지원한다는 게 아니야. 말이 통하지 않아 경제활동을 하는 데도 어려움이 많아서 의료보험에 가입하는 게 이들에게는 실질적으로는 매우 어려운 일이니까. 왜 사람들은 사실관계도 확인하지 않고 무작정 반대하는 걸까?

다솜 인류애에 호소하는 것도 좋지만 아무래도 난민 인정에 있어서는 주권국가의 결정이 우선할 수밖에 없지. 수용 가능한 난민의 수와 지원 범위 등을 고려해서 난민 정책을 펼 수밖에 없잖아. 지원에 필요한 비용은 교육, 의료, 주거뿐만 아니라 심사 절차에 필요한 행정력들도 포함된다고. 유럽의 경제 강국이라면 모를까, 아직 우리나라는 더 많은 난민을 받아들일 상황이 아니야.

민주 그거 알아? 난민을 가장 많이 받아들인 나라는 경제 강국이나 선진국이라고 불리는 나라가 아닌 터키였어. 국가의 능력에 따라 난민 수용 정도를 결정한다고 해도, 우리나라는 국제사회의 지위에 걸맞지 않게 난민 문제에 있어서는 소극적인 태도를 보이고 있어. 아까도 말했지만 2018년 기준으로 난민 인정 비율이 1퍼센트도 안 되는 것만 봐도 알 수 있을 거야.

현우 그런데 정말 어렵게 난민 인정을 받아도 막상 사회보장 혜택을 받지 못하는 경우도 있어. 국제법상 난민은 자국민에 준하는 사회보장 혜택을 받게 되어 있지만 국내법이 그 기준에 이르지도 못해서 난민들이 사각지대에 놓이게 되는 거야. 한 예로 장애인복지법상 장애인 등록을 할 수 있는 외국인은 재외국민, 동포, 영주권자, 결혼 이민자로 되어 있어. 난민은 제외되는 거지. 이런 차별도 주권국가의 결정이라고 볼 수 있을까? 국제사회의 일원으로서 좀 더 책임 있는 난민 정책을 시행할 필요가 있어. 수십 년 전에는 우리나라도 난민 발생국이었다는 걸 기억해야 할 거야.

수호 하긴 통일이 되면 국경이 열리고 인접 국가에서 살고 있던 동포들이 통일한국으로 이주할 수 있어. 아시아나 유럽의 난민이 열린 국경을 넘어 한반도까지 이동할 수 있게 되잖아. 장래를 위해 난민 정책을 준비해야 할 필요는 있겠어. 모든 나라가 안정적이고 평화롭게 지내면 안 되는 걸까? 고향을 떠나 길 위에서 목숨을 잃는 사람들이 없게 말이야.

민주 장래의 문제만이 아냐. 2018년 여름 500명이 넘는 예멘 난민이 제주도를 통해 입국해 큰 이슈가 되었잖아. 난민에 대한 혐오 분위기와 가짜 뉴스가 떠돌았던 거 기억 안 나? 세계 평화를 꿈꾼다면 너처럼 난민 수용에 대한 태도가 소극적이면 안 될 것 같은데? 국제사회의 책임 있는 구성원으로서 난민에게 문을 열어 주고 세계 평화를 위한 지원을 아끼지 말아야 하지 않을까? 난민을 부담으로 여기고 반감을 갖는 사람들의 인식을 바꾸는 난민친선대사가 되는 걸 목표로 하면 어때? 하하하.

현우 생각해 보면 결혼이나 노동, 학업과 여행, 심지어 정치적 박해를 피해 떠나는 등 여러 이유로 이 땅에 수많은 이주민이 살고 있어. 이제는 지구온난화 때문에 살 곳이 없어진 '기후난민'까지 생기는 상황이야. 이주민을 대하는 게 어색하고 불편할 수도 있겠지만, 그게 차별과 인권 침해를 정당화시킬 수는 없을 거야. 이주민들과 함께 행복하게 사는 방법은 어떤 것들이 있을까? 이미 우리 헌법이 국제법 존중을 원칙으로 삼고 있는데도 그동안 현실에서는 경제적 계산이 우선된 듯해. 앞으로 이 문제를 어떻게 바라보아야 할까?

○ 낮아지는 출산율과 인구의 고령화로 경제 성장률이 낮아지자 이주민을 적극적으로 받아들이는 것이 대안으로 제시되고 있다. 특히 결혼이주여성을 적극적으로 받아들여 농촌 총각의 결혼 문제도 해결하고 출산율도 높이기 위한 정책이 시행되고 있다.

○ 그러나 결혼이주여성을 단순히 인구정책의 대안으로만 생각하는 태도는 인권을 침해한다는 비판을 피할 수 없다. 또한 결혼이주여성의 정착을 위한 정책에 그들의 문화를 받아들이려는 노력은 없기에, 정착에 도움이 되지 않는다고 평가한다.

○ 구인에 어려움을 겪는 사업장에서는 고용허가제를 통해 외국인을 저숙련 단순 노무 인력으로 받아들이고 있다. 이주노동자의 정주를 막는 고용허가제는, 노동자의 사업장 변경을 3년간 3회로 제한하되 사업주의 허가나 폐업, 임금체불 등의 사유가 있을 때에만 가능하다. 이유 없이 사업장을 이탈하면 미등록 외국인이 되어 강제로 출국당한다.

○ 고용허가제는 이주노동자를 손쉽게 사용할 수 있는 노동력으로 인식하게 만든다고 비판받는다. 고용허가제의 사업장 변경 제한이 악용되어 더 많은 인권침해와 불법 고용이 발생할 수 있기 때문이다.

○ 주권국가에서 반드시 난민을 받아들여야 할 의무는 없다. 난민 수용을 반대하는 입장에서는 테러의 의도를 가지고 난민 신청을 하는 자들이 있을지 모른다고 우려한다. 또한 난민 수용에 따르는 비용이 증가하는 것에 반대한다.

○ 유엔은 난민 문제를 해결하기 위해 1951년 난민 지위에 관한 협약을 채택했고, 대한민국은 1992년에 협약에 가입했다. 난민 수용에 긍정적인 입장은 우리나라가 국제사회 책임 있는 일원으로 난민을 받아들여 지원해야 한다고 주장한다. 더불어 난민 수용과 지원의 문제는 단순히 동정이나 인류애의 호소에 기대는 것도 아니며 언젠가 한반도의 정세가 변화할 때 우리도 겪을 수 있는 문제임을 강조한다.

현자 또는 다수

헌법재판과 민주주의

어떤 일이 벌어지고 있을까?

요새 헌법재판소를 모르는 사람은 드뭅니다. 그만큼 헌법재판소에 많은 사건이 접수되었고, 대중에 알려졌기 때문이지요. 헌법재판소 홈페이지에서는 매년 몇 건의 사건이 접수되었는지 나타내는 자료를 볼 수 있습니다. 헌법재판소가 문을 열었던 1988년에는 39건이었고, 이후 300에서 400여 건이 접수되었습니다. 이후 꾸준히 증가세를 보이다 2018년에는 2,500건에 약간 못 미치는 수준에 이르렀습니다.

  헌법재판소에서는 접수된 여러 사건들은 헌법을 기준으로 심사해 재판의 형식으로 결정내립니다. 예를 들어 2000년에 과외를 금지시키는 내용의 법률이 헌법재판소에서 심사된 적이 있습니다. 결과가 무엇이었는지는 쉽게 추측할 수 있을 겁니다. 지금 과외를 하는 것이 불법은 아니니까요. 과외를 금지시킬 경우 제한되는 기본권으로는 과외를 통해 인격을 자유롭게 발현시킬 권리, 보호자의 교육권, 과외 선생님의 직업

의 자유와 행복추구권이 고려되었습니다. 헌법재판소는 위 법률을 위헌이라고 결정했습니다. 과외라는 활동을 통해 관련되는 여러 사람들이 각자 갖는 기본권이 과외를 원칙적으로 금지함으로써 과도하게 침해되었다는 것입니다.

과외를 금지하는 것이 위헌이라는 결정을 두고 수호와 현우는 입장이 다릅니다. 수호는 이렇게 이야기합니다.

"순리대로 되었네. 애당초 저런 법률을 만든 것 자체가 말이 안 되는 거였어. 한 자라도 더 봐야 하는 판에 과외 금지라니. 저런 탁상공론에 일침을 가하는 헌법재판소, 만세다!"

하지만 현우는 다르게 봅니다.

"그때나 지금이나 우리나라의 과도한 교육열 때문에 학생은 불필요한 공부에 내몰리고 학부모는 과도한 지출로 등골이 휘고 있어. 이런 문제를 입법자가 잘 포착해서 과외를 금지하는 법률을 만든 것이란 말이야. 헌법재판소가 이걸 도루묵으로 만들었어!"

현우 말대로 만일 이 결정에서 과외금지는 기본권에 대한 과도한 침해가 아니며, 따라서 합헌이라고 결정했다면 우리는 지금 과외 없는 세상에서 지내고 있을지도 모릅니다. 마찬가지로 헌법재판소에서 다루어진 사건이 지금과는 다른 삶의 이정표가 될 수 있었던 적이 있습니다. 강제적 셧다운제가 합헌으로 결정되지 않았더라면 늦은 시간에도 마음 놓고 게임을 할 수 있을 테고, 선거운동에 연령 제한이 위헌이라고 결정되었더라면 청소년의 선거운동과 투표 등이 일상화되었겠지요. 이처럼 헌법재판소의 결정은 단순한 사건 해결을 넘어서 우리 사회가 지향해야 할 앞으로의 모습을 제시하기까지 합니다. 그런데 왜 그런 문제를 헌법재판소가 맡아서 결정하는 걸까요?

아군일까, 적군일까?

논점 1: 헌법재판과 여론

수호   오늘은 헌법재판소의 결정을 두고 벌어지는 민주주의의 문제, 헌법 해석의 문제를 토론하기로 했지? 일단, 난 헌법재판소가 마음에 들어. 국회가 대중에 휩쓸려서 잘못된 법률을 만들 때마다 헌법재판소가 그걸 위헌이라고 바로잡거든. 헌법이라는 확고한 잣대를 가지고 우리가 잘못된 선택을 할 때마다 해답을 제시하지. 통합진보당 해산결정이라든가, 신행정수도 건설을 위한 특별조치법 위헌결정을 들 수 있지. 헌법재판소는 통합진보당 해산을 통해 북한식 사회주의에 맞서 대한민국의 민주적 기본질서를 지켜 냈어. 그리고 신행정수도 건설을 위한 특별조치법 위헌결정을 내림으로써 관습헌법으로 정해진 수도 서울을 헌법 개정을 거치지 않고 함부로 바꿔 버리는 것을 막고, 국민투표권을 지켰어.

:: 헌법재판소 결정문(요약)

-통합진보당 해산결정 (2014.12.19. 자 2013헌다1 등)

청구인(법무부 장관)은 피청구인(통합진보당)의 해산 및 피청구인 소속 국회의원에 대한 의원직 상실을 구하는 심판을 청구했습니다. 피청구인의 목적과 활동이 민주적 기본질서에 위배된다는 이유에서였습니다.

이에 대해 헌법재판소는 2014년 12월 19일 재판관 8(인용) : 1(기각)의 의견으로, 피청구인 통합진보당을 해산하고 소속 국회의원은 의원직을 상실한다는 결정을 내렸습니다.

-신행정수도 건설을 위한 특별조치법 위헌결정 (2004.10.21. 자 2004헌마554 등)

청구인들(서울시 공무원, 서울시에 주소를 둔 시민 등)은 신행정수도의 건설을 위한 특별조치법의 위헌을 구하는 헌법소원 심판을 청구했습니다. 이 법률이 헌법 개정을 거쳐야 할 수도 이전을 규정하여 헌법에 위반되며, 청구인들의 국민투표권 등을 침해한다는 이유에서였습니다.

이에 대해 헌법재판소는 2004년 10월 21일 재판관 8(위헌) : 1(각하)의 의견으로, 신행정수도 건설을 위한 특별조치법은 헌법에 위반된다고 결정했습니다.

현우 　정당해산 심판은 냉전 시대의 산물이야. 나는 헌법재판소가 해산결정을 내림으로써 민주주의가 후퇴했다고 생각하거든. 유엔인권위원회 소속 자유권규약위원회도 이 결정에 우려를 표명했어. 신행정수도 건설을 위한 특별조치법 사건도 헌법 규정을 무시하는 잘못된 결정이었다고 봐. 우리 헌법에 '대한민국의 수도는 서울이다.'라는 분명한 규정이 없는데, 재판관들이 그런 규정이 있는 거라고 만들어 낸 거잖아. 알고 보면 헌법재판소는 참 위험한 기관이야.

수호 　오호, 정말 그렇게 생각하니?

현우 　그래. 헌법재판소는 위헌법률 심판을 통해서 국민의 대표인 국회가 만든 법률을 무효로 만들 수 있어. 헌법재판소는 국민의 대표 기관이 아닌데 권한이 너무 막강한 거 아니야? 이건 민주주의에 위배되는 측면이 있어. 헌법의 '해석'이라는 이름을 빌려 수도에 관한 규정도 '창조'해 내는 과도한 권한을 행사하고 있잖아. 마치 사법의 모습을 빌린 입법과도 같아.

다솜 　그런데 지난번에 대통령을 탄핵하는 결정이 내려졌을 때에는 헌법재판소가 민주주의의 수호자라며 좋아하지 않았어? 결과를 못 받아들이겠다며 헌법재판소 앞에서 집회를 벌이던 사람들을 이해할 수 없다고 몰아붙였잖아.

현우 아. 그건 다르지! 음.

수호 나는 정당해산 심판이 받아들여졌을 때, 반대 집회 벌이는 사람들 보고 그들에게 문제가 있다고 했어. 반대로 대통령 탄핵결정이 내려졌을 때에는 재판에 문제가 있다고 생각했지.

민주 뭐야. 너희 둘 다 완전히 반대로 생각하고 행동하면서 주장하는 방식은 꽤 닮았어. 결국 자기가 원하는 결정이 내려질 때는 좋아하고, 그렇지 않을 때에는 싫어하는 거잖아.

수호 **현우** 에이, 그런 말도 안 되는 소리를!

다솜 이거 정말 재미있는걸. 나도 수호나 현우처럼 원하는 결정일 때에는 받아들이고, 그렇지 않으면 비판했던 것 같아. 비판할 때에는 논증 방식이나 결론에 대한 건 물론이고 헌법재판소의 존재 자체를 문제 삼기도 했고.

민주 그런데 좋은 재판이란 무엇일까? 헌법에서 대한민국의 주권은 국민으로부터 나온다고 했으니, 국민의 뜻에 따르는 재판일까?

수호 어이쿠. 그럼 현우랑 나는 입장이 완전히 다르니까 둘 중 한 명은 국민이고 다른 한 명은 국민이 아니라는 거네. 둘 다를 만족시키는 재판은 불가능할 테니 '국민의 뜻대로'라는 말은 신중히 쓰자고. 게다가 헌법재판은 헌법을 기준으로 이루어져야 옳지! 법을 잘 모르는 여론에 휩쓸리면 그건 재판이 아니야.

민주 그래도 국민의 뜻에 따르는 게 국가의 임무인 건 맞잖아.

수호 무슨 소리야? 다수결은 국회에서 하는 거고, 재판은 법에 따라 해야지!

민주 하지만 재판을 꼭 법에 따라 하지도 않던데? 법조문에 없는 내용도 만들어 내잖아.

다솜 그건 헌법재판관이 헌법을 해석해 낸 거잖아. 당연히 법을 해석해서 적용해야지.

수호 이야기를 정리해 보자. 우선 헌법재판소가 사회의 중요한 안건을 결정하는 것을 우리가 어떻게 받아들일지가 문제야. 이 문제를 국회, 정부, 법원 같은 다른 국가기관과의 관계에서 알아보고, 국민들과의 관계에서 들여다볼 필요가 있을 거야. 차근차근 정리해 보자고.

현우 그래. 일단 분명한 건 수호랑 나랑 헌법재판을 다르게 보는 이유가 서로 다른 가치관을 가지고 있기 때문이라는 점이지. 수호가 방금 헌법재판소가 사회에서 해야 할 역할을 강조했는데, 대립하는 가치관 중 어느 것이 더 옳은지를 판단하는 문제가 그 핵심일 거야. 우리가 각자 다르니까 서로 존중해야 한다는 생각은 결론이 아니라, 결론을 내리기 위한 출발점이어야 해.

헌법재판의 기준은 무엇일까?

논점 2: 헌법 해석과 권력

다솜 헌법재판소의 권한은 헌법 제111조에 규정되어 있어.

현우 그래. 헌법재판소는 법률이 헌법에 위반되는지를 판단해서 위헌인 경우 그 법률을 무효로 만드는 위헌법률 심판을 담당해. 대통령 등고위 공직자가 직무를 행할 때 헌법이나 법률을 중대하게 위반한 경우에는 그를 파면시키는 탄핵 심판을 하지. 정당의 목적이나 활동이 민주적 기본질서에 위반되는 경우 그 정당을 해산시키는 위헌정당해산 심판도 하고. 국가기관이나 지방자치단체의 권한 범위를 둘러싸고 다툼이 있으면 권한쟁의 심판을 통해 해결해 주고 있어. 마지막으로 국민의 권리가 국가의 권력 행사 때문에 침해된 경우에는 권리를 구제해 주는 헌법소원 심판도 담당해.

제111조 ①헌법재판소는 다음 사항을 관장한다.

1. 법원의 제청에 의한 법률의 위헌여부 심판

2. 탄핵의 심판

3. 정당의 해산 심판

4. 국가기관 상호간, 국가기관과 지방자치단체간 및 지방자치단체
   상호간의 권한쟁의에 관한 심판

5. 법률이 정하는 헌법소원에 관한 심판

다솜 맞아. 전부 다른 국가기관을 견제하고 있어. 위헌법률 심판은 법률을 제정하는 국회를, 탄핵 심판은 고위 공직자를, 정당해산 심판은 정당을 매개로 국회를, 권한쟁의 심판은 국가기관 전부를, 그리고 헌법소원 심판은 사실상 국회를 견제하고 있어. 이 모든 활동은 헌법이라는 잣대를 가지고 판단하는 방식으로 이뤄지지.

수호 거 봐. 재판은 법에 따라 하는 거라니까.

민주 그렇긴 한데, 헌법은 추상적인 개념을 사용하는 데다 포괄적으로 규정되어 있어서 기준이 정확하지 않아. 물론 대통령의 임기가 5년이라는 규정은 그 자체로 분명한 기준이 되지만 그렇지 않은 것들도 있어. 특히 기본권 규정이 그래. 헌법 제10조에서 말하는 "인간으로서의

존엄과 가치"가 무슨 뜻인지 이 문자만으로 파악이 되니?

수호 인간은 존엄하고 가치 있다는 말이잖아. 그러니까, 음…….

민주 사람들이 정치인을 비난하면 그 사람의 상태는 존엄한 걸까? 그렇지 않은 걸까?

수호 그런 것 같기도 하고 아닌 것 같기도 하고. 존엄하다는 말은 알겠는데, 사전적 뜻만 가지고는 판단이 잘 안 선다.

다솜 그래서 재판관들이 그 뜻을 해석하는 거지. 법조문에 쓰인 문자가 추상적인 개념이든 숫자처럼 분명한 것이든, 결국 해석할 수 있느냐 없느냐의 차이잖아. 솔직히 대통령의 임기가 5년이라는 규정도 해석을 거치지 않으면 애매하기는 마찬가지거든. 날짜 계산을 할 때 임기가 개시되는 시점을 임기가 시작되는 날 0시부터로 할지, 당선일부터로 할지는 입법적 구체화를 통해 이뤄지는 거라고. 그런 구체화 역시 '해석'이라고 부르잖아.

수호 맞아. 법조문은 해석을 통해 적용돼. 해석은 추상적인 법조문의 내용을 확정해서 구체적인 사건에 적용하는 거라고 배웠어.

:: **해석의 방법**

1. 문리해석: 법조문에 쓰인 말이 갖는 사전적 의미에 따른 해석

2. 체계적 해석: 다른 규정과의 체계적인 관련 속에서 의미를 확정하는 해석

3. 역사적 해석: 입법자의 동기를 고려한 해석

4. 객관적-목적론적 해석: 해당 법조문이 갖는 현재의 의미를 고려한 해석

:: **해석의 예**

1. 헌법 제36조 제1항의 "혼인과 가족생활은 양성의 평등을 기초로 성립되고"에서 양성을 '남성과 여성'으로 해석하면 문리해석이다. 그러지 않고 동성혼을 인정하는 입장에서, 양성을 '두 사람' 정도로 해석해서 성별의 의미를 완화시키는 것은 객관적-목적론적 해석을 주장한 것이다.

2. 헌법 제65조 제1항에서 정하는 대통령의 탄핵 사유인 "직무집행에 있어서 헌법이나 법률을 위배한 때"를 어떠한 위반이라도 있는 때로 해석하면 문리해석이다. 한편 같은 조 제4항이 탄핵의 효과가 파면이라고 정하는 점과 대통령을 국민이 직접 선출한다는 제67조 제1항을 고려해 직무집행에 있어서 헌법이나 법률을 '중대하게' 위배한 때로 해석하는 것은 체계적 해석이다.

3. 제2장 "국민"의 권리를 해석할 때, 대한민국 국적을 가진 자로 해

석해서 외국인의 기본권을 부정하면 문리해석이다. 한편 헌법 제정 당시에 쓰려던 표현은 '모든 사람'을 뜻하는 '인민'이었지만, 북한에서 먼저 인민이라는 표현을 채택한 것에 대한 거부감 때문에 국민이라고 표현을 바꾼 것을 고려해서 외국인의 기본권도 인정한다면 역사적 해석이다.

민주 그래서 인간이 존엄하다는 말이 무슨 뜻이지? 이런 해석 방법들은 재판이 끝난 후에 그 판단이 합리적이었는지를 평가하는 데 적합할지 몰라도, 지금 내가 재판을 하는 입장이라면 그다지 큰 의미를 갖지 못할 거야. 사전적 의미에 따라 해석한 것과 다른 해석 방법이 있을 때 어떤 해석을 따라야 할까?

현우 내가 말하고 싶은 게 그거야. 재판관들이 자기들 마음대로 해석하는 거라니까?

수호 아, 정말 누가 현우를 좀 말려 봐. 그건 네가 뭘 몰라서 그래. 법은 법을 공부한 사람이 아는 거야. 재판관들이 법을 얼마나 많이 공부했는데, 네가 이해를 못하겠다고 재판을 폄하하면 되겠냐?

다솜 현우가 단정적으로 말하기는 했지만, 맞는 부분도 있는 것 같아. 헌법에 규정된 말들 중 상당수는 가치판단을 거쳐야 내용이 분명해지는 것들이잖아. "인간으로서의 존엄과 가치"처럼 말이야.

현우 맞아. 뿐만 아니라 "거주·이전의 자유를 가진다."라든가 "직업선택의 자유를 가진다." 같은 표현들은 당장 재판에 쓸 정도로 내용이 구체적이지 않아. 도대체 어디까지 자유가 보장되는지 그 자체가 분명하지 않거든. 예를 들어 거주·이전의 자유를 가진다면서 왜 국경을 넘는 절차가 국가를 통해 관리되어야 하는지, 직업선택의 자유를 가진다면서도 왜 모두가 아이돌 가수나 의사가 될 수는 없는 것인지. 이런 것들은 헌법의 규정만으로는 불분명하다고.

다솜 그건 무조건 위헌이야.

수호 하하하. 헌법재판이 헌법을 근거로 이루어지고, 법을 해석하는 방식으로 이루어지는 것은 사실이야. 그 과정에서 가치판단을 거치는 것이고. 그렇다면 헌법재판관 각자가 가지고 있는 가치관이 반영될 수밖에 없겠다.

무엇을 가리는 걸까? 편견? 혹은 진실?

현우 맞는 말이야. 물론 재판관들이 헌법을 자기 마음대로 해석하지 않고, 국민의 뜻이라든가 시대적 요청 같은 것을 고려해서 해석하려고 할 거야. 재판관이 마음대로 재판한다는 말은 취소할게. 그럼에도 그런 노력은 한계가 있기 마련이지.

헌법재판소는 민주적일까?

논점 3: 다수결과 소수자 보호

민주 그런데 말이야. 우리나라는 민주주의 국가인데 왜 헌법재판소가 헌법재판을 하는 거지?

다솜 그건 헌법 제111조에서 헌법재판소에 헌법재판의 권한을 부여하고 있기 때문이야. 아까 보여 줬잖아. 물론 미국 같은 나라에서는 헌법재판에 대한 규정이 없으니까, 연방대법원이 헌법재판을 하는 것을 두고 권한이 있느냐 없느냐 논쟁이 벌어지고 있어. 하지만 우리는 헌법으로 규정하고 있으니까 다 정리된 문제가 아닐까?

민주 그렇긴 한데 국민의 대표 기관은 국회인데 어째서 헌법재판소를 따로 두었는지 궁금해. 지금까지 우리가 한 이야기는, 가치판단을 거쳐야 헌법의 의미를 알 수 있고 그 판단을 헌법재판소 재판관들이 한다는 거잖아. 그리고 헌법재판관 각자는 자기의 가치관에 따라 자의적인 판단을 하지 않도록 노력하겠지만, 50여 년 동안 굳어진 가치관으로부터 완전히 벗어날 수도 없을 거야.

현우 아하! 무슨 말인지 알겠어. 헌법이 국가 질서를 규정하는 법이라는 점을 고려한다면, 헌법 해석을 통한 가치판단은 국민의 대표가 하는 게 맞다는 거지?

민주 그렇지. 헌법재판소는 국민의 대표가 아니잖아.

수호 하지만 헌법재판소 재판관이 우리나라 최고의 헌법 전문가 아니야? 그럼 헌법재판소가 헌법에 대한 최종적인 판단을 하는 게 맞지.

민주 그렇게 볼 수도 있겠지만, 헌법 해석은 가치판단의 문제잖아. 해석하는 사람의 주관적 가치판단으로부터 완전히 자유로울 수 없다면, 재판관 아홉 명에게 맡길 게 아니라 국민의 대표 기관인 국회에 맡겨야지. 아니면 우리가 직접 참여해서 수행하거나.

다솜 그렇긴 하네. 헌법에서 헌법재판소에게 헌법재판의 권한을 준 건 맞지만, 그게 합당한 것인지에 대해서는 나름대로 논의할 가치가 있겠다. 민주야, 넌 어떻게 생각해?

민주 내가 묻고 싶은 건 헌법재판이 '민주적'일 수 있느냐는 거야. 특히 위헌법률 심판이 문제야. 우리 여기에 집중해서 토론해 보자. 내 생각에 민주주의는 결국 다수의 뜻에 따르는 것일 수밖에 없는데, 그 뜻을 대변하는 것이 바로 국회거든. 그런 점에서 국민의 대표가 아닌 재판관들이 국회가 만든 법률을 무효로 만드는 건 문제가 있다고 봐. 위헌법률 심판은 민주주의와 충돌하는 게 아닐까?

현우 확실히 재판관은 국민의 대표가 아니지. 재판관들이 헌법에 따라 판단한다고 해도 재판의 기준인 헌법 자체가 해석하는 사람의 가치관을 반영할 수밖에 없으니까.

민주 거 보라니까!

다솜 그렇지만 민주주의가 단순히 다수의 지배일 수도 없잖아. 만일 단순한 다수의 지배가 민주주의와 같은 말이라면, 전체주의랑 다를 게 뭐람? 민주주의는 다수결을 한 축으로 하면서 동시에 소수자 보호를 다른 한 축으로 함으로써 유지되는 거니까. 그런 의미에서는 오히려 위헌법률 심판이 작동해야 민주적이라고 할 수 있을 거야.

수호 다솜이 말이 맞아. 민주적 절차를 통해 자신의 의견이 제대로 반영될 수 없는 소수자를 존중하는 것이 민주주의의 다른 한 축이지. 만일 소수집단의 의견이 국회에서 제대로 반영되지 못한 채 어떤 법률이 탄생한다면, 소수자의 권리를 보호하기 위해 그 법률을 파기할 필요성이 생길 수도 있어.

민주 다솜이 말도 일리는 있지만 소수자의 권리를 보호한다는 그럴듯한 명분 앞에서 기껏 진행된 민주적 절차를 뒤집는 게 옳을까? 결과를 이끌어 내는 것만큼이나 과정도 중요한데 말이야.

다솜 절차가 정당했다고 결과를 무조건 따르는 것도 문제가 있지 않을까? 이런 생각을 해 보자. 노동자와 경영진이 서로의 갈등을 해결할 수 있는 협의체를 꾸미는 거야. 양측 대표로 각각 다섯 명씩 꾸려진다면 그 협의체에서 대화를 거친 결과는 언제나 합당할까? 만약 실제로는 경영진의 힘이 더 세서 언제나 경영진에게 유리한 결과가 나올 수밖에 없다면? 노동자더러 서로 합의된 민주적 절차에 따른 결과이니 따르라고 하는 게 옳을까?

민주 그렇다고 절차를 무조건 뒤집어 버리고 없었던 일로 하는 것도 옳지는 않아. 절차를 되돌리는 방식이 때로는 남용될 수도 있어. 노동자가 상대적으로 경영진보다 발언권이 약하더라도 그들이 협의를 거쳐 이뤄 낸 결과가 공정할 때도 있을 테니 말이야. 그럴 때 '약자'라는 지위를 다짜고짜 내세우면 안 되지. 결과가 부당하더라도 또 다른 협의를 통해 문제를 고치는 편이 바람직할 거야. 민주적이고 공정한 절차를 만들어 둔 것은 서로 불만이 있더라도 그대로 따르자는 약속을 전제로 하고 있으니까.

다솜 그건 그때그때 따져 볼 문제겠지. 분명한 건, 실질적으로 민주적이지 못한 절차라면 그것을 고쳐 내는 장치도 필요하다는 거야. 그런 의미에서 국회에서의 민주적 절차에 따른 법률이라도 위헌법률 심판을 통해 원점으로 돌릴 필요가 있고. 절차가 진행되는 동안 의견이 제대로 반영되지 못하는 바람에 권리를 침해당한 사람들을 보호하는 게 진정한 민주주의의 이념을 실현하는 길이야.

민주 모든 사항을 일일이 따져 본다면 절차가 불안정해지지 않을까? 매번 결과에 불만을 나타내는 사람이 있을 텐데, 어떻게 그때마다 다수의 의견을 뒤집어 버리니? 네 말대로 민주주의가 다수의 지배만을 뜻하지는 않지만, 반대로 소수의 보호만을 뜻하는 것도 아니잖아. 그렇다면 둘 중에서 원칙적 지위를 가지는 다수결이 더 중요하지.

수호 자, 이제 다른 지점에서 결판을 보자. 다솜이는 어째서 소수자의 권리 보호가 더 중요하단 거야? 민주는 왜 다수의 의사가 더 중요하다는 거고?

민주 다수의 결정에서 배제된 소수자는 결국 자신의 기본권을 침해받거나 덜 실현할 수 있을 뿐인데 다솜이가 이 점에 집중하고 있어. 그런데 다솜이가 소수자라고 본 사람들의 기본권은 우리 사회에서 권리라고 받아들여져야 비로소 그 힘을 발휘할 수 있어. 아까 현우가 말한 직업선택의 자유도 사회적으로 구체적인 내용이 주어질 때에야 진정한 의미를 갖는 거라고 생각해. 의사는 생명을 다루는 직업이니만큼 의학 지식을 갖춘 사람만이 그 직업에 종사해야 하겠지. 그런 의미에서 자격증 제도를 통해 진입 장벽을 만듦으로써 사회적으로 인정되는 거야.

수호 그 말은 맞네.

민주 소수자가 가진 권리를 침해받았거나 충분히 발현되지 못했다는 주장도 결국 사회 안에서 확정되는 거야. 그러니 다수의 결정, 국민의 대표인 국회의 결정이 최종적인 것이 될 수밖에 없어.

수호 그럴싸하네. 다솜이는 어때?

다솜 일리는 있지만 어쩐지 잘못된 전제를 가지고 있는 것 같아. 권리는 다수가 받아들임으로써 인정되는 게 아니야. 다수의 결정이라는 폭압으로부터 견뎌 내기 위해서는 각자가 태어나면서부터 당연히 가진 자연권을 실현시켜 줘야 해. 그런 점에서 다수가 받아들이는 것은 새로 만들어 내는 게 아니라 원래부터 있는 권리를 발견해 내는 과정에 가깝겠지. 다수가 소수의 권리를 무시하면 그걸 뒤집을 수 있어야 해.

현우 자연권으로 설명하는 건 너무 막연해. 그걸 어떻게 근거로 세울 수 있지? 합리적으로 논거를 들어야 하지 않을까?

다솜 음, 그건 있잖아. 그런 근거를 설정할 때에만 다수가 합리적으로 받아들일 수 있기 때문이야.

민주 결국 다수의 결정에 기대고 있는 것 아니니? 지금까지의 네 주장에 모순되는 것 같은데?

다솜 아, 그러려는 건 아닌데…….

민주 자, 들어 봐. 우리가 국가에서 태어나고 그 안에서 활동하는 이상, 권리는 그 안에서 나눠진다고 볼 수 있어. 그렇다면 적어도 우리가 평등한 관계라는 건 받아들이고 시작할 수 있겠지. 안 그러면 우리가 국가를 만드는 계약, 즉 사회계약에 동의하지 않을 테니까 말이야. 그렇다면 모두가 평등한 권리를 가지는 만큼 당연히 다수의 결정이 우위에 설수밖에 없어.

다솜 그건 무모한 주장이야. 다수에 들지 못한 사람은 언제나 그 결정에 따라야만 해? 네 말대로 하면, 내 삶이 나 자신이 아닌 다수에 의해 결정되는 문제가 생기잖아. 법적 판단이 그때그때 다수의 기분에 따라 좌우되는 문제도 있을 수 있지. 광장에 모인 수백만 명이 헌법재판소에 어떤 결정을 촉구할 때, 수백만 명이 모였다는 이유로 헌법재판소가 재판의 방향을 정하는 게 옳을까?

민주 물론 헌법에 따라 재판해야지. 하지만 다수의 입장을 무시하는 것 역시 민주적 정당성이 약한 헌법재판소가 피해야 할 행동 아닐까? 국민이나 국회가 결정해야지!

현우 이쯤 되니까 슬슬 헷갈린다. 헌법재판과 민주주의로 이야기를

시작했는데 어느새 권리 보호와 다수 보호, 법치주의와 민주주의 문제로 와 버렸어. 음, 우리는 이걸 절충해서 민주적 법치국가를 추구하면 되겠구나! 하하하.

수호 또 무슨 웃기는 짬뽕이래. 각각의 장점을 살리려고 막 뒤섞어 버리다가 둘의 단점만 남을 수도 있어. 더 신중하게 생각해야 하지 않을까?

다솜 어려운 문제를 던져 놓고 토론을 마무리할 시간이 되었네. 민주주의와 법치주의를 어떻게 조화시켜야 할까? 앞으로도 여러 시도가 있겠지? 난 그것들을 계속 알아보며 내 나름의 기준을 만들어 나가야겠어. 그러니까 일단은 보고서에서 빼자! 다 같이 법치주의와 민주주의 사이의 긴장 관계를 해결하려는 여러 시도를 알아보고, 헌법재판 제도와 헌법을 발전적으로 만들어 보자.

- 오늘날 헌법재판소를 통해 우리 사회의 중요한 문제가 많이 결정되면서 헌법재판소의 역할이 부각되고 있다. 우리 사회에서 헌법재판소를 바라보는 입장에 대한 정리가 필요하다.

- 헌법재판소는 헌법을 잣대로 이루어지는 재판이라는 점에서 헌법을 구체화시키고 확정짓는 면을 갖는다. 헌법재판은 헌법이 국가 질서를 구성하고 국민의 기본권을 보장하는 법이라는 점에서 법원에서 담당하는 보통의 재판과 다르다.

- 재판의 기준인 헌법이 추상적이기 때문에 해석하는 사람의 가치관에 좌우되는 면이 강하고, 그만큼 헌법재판소는 해석권력을 통해 국가의 방향을 정하는 중대한 지위에 서게 된다.

- 헌법재판에 대해 다양한 반응이 나오는 것은 당연하고 바람직한 일이다. 하지만 자신의 주관적 가치관에 합치하는 결정은 지지하고, 그렇지 않은 결정이 내려지면 헌법재판소의 존재 자체를 부정하는 경우도 종종 보인다. 헌법재판관 그리고 재판 결과를 지켜보고 해석하는 국민들도 서로를 존중하는 전제에 설 때 받아들일 수 있는 결론이 무엇인지 고민해야 한다.

- 근본적으로 헌법재판소가 민주적일 수 있는지를 고민해 볼 수 있다. 이 질문은 헌법에 명문의 규정이 없음에도 헌법재판이 이루어지고 있는 미국에서 시작된 것이다. 우리의 경우 헌법에서 헌법재판을 명문으로 인정하고 있지만, 헌법재판 자체에 대한 근본적 성찰이라는 점에서 이 질문은 우리에게도 중요하다. 또한 헌법재판소의 위상이 높아질수록 '정치의 사법화' 등의 이름으로 이 문제가 논의되기도 한다.

- 위헌법률 심판에 대한 견해가 대립하는 이유는 민주주의에 대한 이해를 달리하기 때문이다. 민주주의에서 다수결과 절차라는 요소에 비중을 두면, 이를 뒤집는 헌법재판

은 민주적이지 않은 것이 된다. 민주주의에서 소수자 보호에 비중을 두면, 무시된 소수자의 권리를 복원시키는 헌법재판은 민주적인 것이 된다.

○ 권리를 어떻게 이해하는지에 따라서도 위헌법률 심판에 대한 입장이 달라진다. 기본적인 입장 차이는 국민이 권리를 만들어 내는 것이라고 볼지, 아니면 국가가 성립되기 전부터 당연히 인정되는 권리라는 것이 있다고 볼지에 달려 있다. 만일 권리를 사회에서 구성되는 것으로 본다면 결국 다수의 견해에 따르게 된다. 누군가에게 특권을 주지 않는 이상 우리 각자의 의견은 동등하고, 그 경우 다수결에 따를 수밖에 없기 때문이다. 하지만 소수자 보호에는 취약할 수 있다. 반대로 사회 이전의 자연 상태에서부터 권리가 당연히 인정된다고 보면 다수의 입장을 뒤집기 쉬워진다. 수적 우열과 관계없이 마땅히 인정받을 권리가 처음부터 존재하기 때문이다. 이때 헌법재판소가 다수의 견해를 뒤집는 것은 정당한 것이다. 다만 사회 이전에 권리가 존재한다는 것이 어떻게 설득력 있게 제시될 수 있을지가 어려운 문제이다. 그것이 신화가 되지 않으려면 합리적 근거가 제시되어야 하기 때문이다. 과연 그것을 증명할 수 있을까?

여덟째 모임

동물의 권리

동물권과 헌법 개정

어떤 일이 벌어지고 있을까?

인간이 사는 세상에는 함께 숨쉬며 살아가는 동물들이 많이 있습니다. 매일 지나는 길에서 가끔씩 보이는 귀여운 고양이, 활기찬 이웃집 강아지도 있지요. 학교 근처에는 참새만 있는 줄 알았는데 처음 보는 무늬를 가진 예쁜 새들이 보이기도 합니다.

더 관심을 갖고 가까이 다가가면 그다지 알고 싶지 않은 모습도 보게 됩니다. 영화 〈옥자〉에서 보듯 공장식 축산 시설에서 자라는 동물들이 있습니다. 사람들이 사용하는 의약품의 안전성을 확인하기 위해 실험 대상이 되는 동물들도 있습니다. 고속도로를 지날 때면 종종 보이는 고라니 시체, 농가에 피해를 준다는 이유로 공공의 적이 되어 버린 멧돼지를 둘러싼 사살 논란, 납치되듯 동물원에 온 돌고래 등 하나씩 헤아리면 끝이 나지 않을 정도로 많고, 계속 모른 척하고 싶은 일들이 있습니다. 동물은 인간과 함께 지내는 세상에서 '을 중의 을'이라고 표현해도 될 정도입니다.

우리 헌법에는 동물과 관련된 직접적인 언급이 없습니다. 물론 동물 학대를 금지하고, 동물이 본성에 따라 살아갈 수 있도록 동물보호법에 규정하고 있기는 합니다. 그러나 동물보호를 헌법에 규정해 국가 질서 로 높인 나라와 비교하면 보호의 정도가 다르지요.

이제 우리나라에서도 동물보호를 헌법적으로 다루는 문제에 대한 관 심이 조금씩 높아지고 있습니다. 19대 총선에서 녹색당이 동물권을 헌 법에 규정하겠다고 나섰고, 이후 19대 대선에서 정의당이 동물권을 헌 법에 명시하겠다는 공약을 내걸었습니다. 대선 결과에 따라 새 정부가 꾸려진 뒤 동물보호단체가 모여 제출한 동물보호정책 제안서에도 동물 권을 헌법에 명시하자는 제안이 들어 있습니다. 19대 대선 즈음에 시작 해 계속되는 개헌 논의에서도 기본권에 동물권을 명시하자는 주장이 여럿 나왔습니다. 그 뒤로도 연구 기관들이 동물권 문제를 다루는 등 관 심이 이어지고 있습니다. 2018년 정부가 제출한 개헌안에는 국가가 동 물을 보호할 의무를 명시하기도 했습니다. 동물의 '권리'를 언급하지는

않았지만 헌법 차원에서 동물을 대하려 했다는 점에서 하나의 타협적 시도로 볼 수 있습니다.

다솜이는 강아지와 함께 살면서 동물에 대한 관심이 높아졌습니다. 우리도 어서 헌법에 동물권을 명시해서 인간과 동물 모두가 행복하게 공존했으면 하는 마음입니다.

"마하트마 간디가 이런 말을 했대. '동물을 어떻게 대하는지 들여다보면, 그 나라의 도덕 수준을 알 수 있다.' 멋지지 않니? 우리도 동물권을 헌법에 명시해서 선진국이 되어야 해!"

그런데 수호가 딴죽을 거네요.

"하하. 동물한테 권리가 어디 있어? 동물이 너한테 권리 달라고 한 적이나 있어? 너 그거 가식이고 동물에 대한 우월 의식이다."

민주는 또 이런 말을 합니다.

"꼭 헌법을 개정해야만 그 문제가 해결될까? 우리나라 사람들 툭하면 개헌 타령이야."

민주의 말에 현우는 이렇게 말합니다.

"개헌이 필요하면 해야지. 그렇다고 안 할 거야?"

헌법을 개정해서 동물권을 보장하자는 주장을 우리는 어떻게 바라보아야 할까요? 권리주체의 문제와 헌법 해석의 문제는 어떻게 생각해 볼 수 있을까요?

왜냐고 물어보자

논점 1: 동물복지와 인간 존엄

다솜 사람들이 동물을 너무 마구잡이로 대하는 것 같아. 어쩜 그렇게 다른 생명체의 고통을 모른 척하는지 몰라. 요새는 다큐멘터리나 영화에서 이 문제를 자주 다뤄서 참 다행이야. 사람들이 각성하고 동물을 더 잘 보호해야 해. 동물권 만세!

수호 하, 이 얘길 또 어디부터 조목조목 반박해야 하나. 너 그거 도덕적 우월감인 거 알아? 동물한테 권리가 어디 있어? 동물들이 너한테 권리를 달라고 한 것도 아닌데 네가 그렇게 주장하는 거잖아. 마치 반에 장애가 있는 친구가 있다고 해서, 그 친구가 원하지도 않았는데 무조건적인 친절을 베푸는 것처럼 말이야. 친구가 자신이 무능한 존재로 비춰지는 것에서 모멸감을 느끼거나 말거나 넌 좋은 일을 했다고 생각하겠지?

다솜 수호야! 무슨 말을 그렇게 해! 물론 사람이 동물이랑 말은 안 통하지만, 동물도 고통을 느끼고 괴로움에서 벗어나길 원하는 건 당연해. 너야말로 동물이 우리와 의사소통이 잘 안 된다는 점을 열등함으로 깎아내리면서 그 핑계로 동물의 고통을 모른 척하는 거 아냐?

수호 뭐라고?

현우 수호야, 그만해! 그런데 다솜아, 너는 왜 동물을 보호하려는 거야?

다솜 …….

수호 거봐, 아무 말도 못하잖아. 나도 동물을 보호하자는 데엔 동의해. 그런데 동물한테 권리라니!

다솜 그게 아니라 어처구니가 없어서 그런다. 구제역에 걸렸다고 생매장당하는 돼지가 불쌍하지도 않니? 돼지들이 어쩌다 병에 걸렸는데? 수용소처럼 밀집된 공간에서 학대받으니까 면역력이 떨어져서 집단 발병했던 거잖아! 너희는 어떻게 그런 식으로 말할 수 있어?

현우 난 그냥…… 궁금해서 물어본 거야. 상처받았다면 미안해.

수호 나도 미안해. 말이 심하긴 했는데 전달하려는 뜻은 그런 게 아니었어. 동물의 권리를 설득력 있게 이야기하기란 어려운 것 같아. 그 이야기를 함께 하려는 거였어. 우리 다시 같이 이야기해 보자.

다솜 좋아. 이야기해 보자. 동물도 고통을 느끼고 있잖아. 그렇다면 같은 고통을 느낄 수 있고, 같은 공간에 존재하는 생명체끼리 서로의 권리를 존중하는 건 당연하다고 생각해. 피터 싱어라는 철학자가 이런 주장을 했대. 사회 전체의 행복을 최대로 높이는 것이 중요한 문제인데, 이때 인간과 마찬가지로 고통을 느낄 수 있는 동물의 고통을 배제하는 건 올바른 계산이 아니라는 거야. 그러니 동물도 고통을 덜 느끼고, 나아가 모든 생명이 행복해야 좋은 사회라고 할 수 있겠지.

수호 그럼 있잖아. 고통을 못 느끼는 동물은 학대당해도 상관없는 거야? 조개 같은 패류는 고통을 못 느낀다던데, 그거 산 채로 재첩국 끓이면 학대가 아닌 건가?

현우 나도 궁금한 게 있어. 지금 피터 싱어라는 사람을 검색해 보니까 공리주의자라고 나오더라. 다솜이가 말한 그의 주장도 최대 다수의 최대 행복을 중시하는 공리주의랑 맞아 떨어지는 것 같고. 그럼 공리주의에 대한 일반적인 비판이 그대로 적용되지 않을까? 예를 들어서 동물의 행복과 고통을 공리에 함께 계산한다고 하더라도, 동물의 고통을 무시하는 경우에 전체 행복 값이 가장 크다면 어떻게 해야 할까? 한마디로 동물들은 고통을 받지만 전체 인간의 행복이 최대치가 된다면 동물의 고통이 상쇄된다고 생각해 봐.

다솜 그런 부분이야 보완이 필요하겠지. 하지만 근본적인 정신을 잊지 말자고.

수호 아니야, 설득력 없어. 싱어 얘기 더 해 봐. 이런 문제에 싱어가 뭐라고 대답하는지.

다솜 꽤 신중하게 접근하는데, 다수의 쾌락을 높이거나 고통을 줄일 수 있다면 소수의 고통을 허용한다고 보고 있어. 동물 실험도 다수의 쾌락을 위해 인정하고는 있지만, 동물 실험을 통해 달성하려는 목적이 그 실험을 통해서만 달성되어야 한다고 말하거든. 또 많은 사람을 구하는 경우에만 동물 실험이 가능하다고 조건을 달고 있어. 조건을 충족시킬 수 없는 경우, 예를 들어 화장품 실험용으로 동물을 이용하는 건 싱어도 금지하고 있어.

수호 그럼 솔직히 동물과 인간을 같은 존재로 취급하겠다는 건 아니겠구나. 인간에 대한 실험은 그와 같은 이유로 정당화될 수 없을 테니 말이야. 실험이 미칠 부작용에 대해 충분히 설명을 듣고 자발적으로 동의해야 한다거나, 실험 자체가 인체에 무해한 것이어야 한다는 등의 조건들이 지켜져야 하잖아. 동물 실험에는 적용되지 않는 조건이지.

다솜 맞아. 싱어에 따르면 지각할 수 있는 정도에 따라 생물에게 다른 가치를 부여하고 있기는 해. 하지만 모든 인간의 지각 능력이 언제나 동물보다 높다고 할 수 있을까? 지각 능력이 높은 동물에게 인정되는 실험이라 할지라도 그 대상을 동물과 같은 지능 수준을 가진 사람으로 한다면 금지되는 경우가 많을 거야. 그렇다면 동물의 고통에 대해서도 어느 정도는 인정해 줘야 맞지.

수호 아무튼 공리주의에 난 근본적으로 반대야. 위대하신 칸트 선생님께서 일찍이 공리주의가 인간을 수단으로 전락시킬 가능성이 있다는 점을 잘 보시고 비판하셨지. 지각 수준에 따른 차별 대우라니, 오늘날

공감대를 얻기에는 좀 약한 논거다.

다솜　하지만 공리주의 말고도 다른 주장이 많아!

수호　그렇구나. 하지만 동물에게 권리를 준다는 그 주장이 그동안 인간과 동물이 맺어 온 자연의 질서를 무시하는 느낌이 드는 것은 왜일까? 동물에게 권리가 있으니 동물을 먹으면 안 되는 거야? 그런 식이라면 동물보호를 주장하는 사람은 육식을 끊고 채식을 해야만 하겠어.

현우　그래서 나오고 있는 주장이 동물복지론이야. 동물에게 불필요한 고통을 최소화하자는 것이지. 인간과 동물이 자연에서 갖는 먹이사슬의 질서를 완전히 무시하지 않으면서도 동물의 권리를 충실히 보장하는 주장이라고 생각해.

수호　다 좋은데, 하나만 묻자. 동물을 왜 보호하려는 거지? 원점으로 돌아오는 것처럼 들리는 질문일 수는 있겠지만, 다시 생각해 보자고. 지금까지 말한 동물의 권리에 대한 주장이 근본적으로 동물이 제기한 게 아니잖아. 물론 동물이 나름대로의 언어를 통해 인간들에게 주장했는지는 모르겠지만, 적어도 우리는 그 말을 알아들을 수 없어. 동물의 권리나 복지에 대한 주장들은 결국 인간의 감정에서 나온 게 아닐까?

다솜 수호야, 그렇지 않아. 눈빛을 보면 알 수 있어! 그리고 동물이 고통을 느낄 수 있다는 건 과학적으로도 증명되었잖아.

수호 무슨 말인지는 알겠는데 말이야. 다른 사람들을 설득할 수 있는 논거는 아닌 것 같다.

현우 동물의 고통 때문일까, 아니면 동물을 보며 인간이 느끼는 고통 때문일까? 나는 왜 동물을 보호하려고 하는 거지?

동물은 권리의 주체가
될 수 있을까?

논점 2: 법적 관점과 동물 재판

민주 너희가 놓치고 있는 문제가 하나 있어.

수호 오! 민주 있었어? 오늘따라 조용해서 없는 줄 알았지!

민주 무슨 말을 하나 지켜봤지. 아쉬운 부분도 있지만 나름대로 설득력 있었어. 그런데 우리 이야기에서 놓치지 말아야 하는 관점이 있어. 바로 법적 관점이야.

다솜 무슨 말이야?

민주 이를테면 이런 거지. 술을 마시고 정신을 잃은 상태에서 저지른 범죄에 대해 처벌하지 않는다고 많은 사람이 분노하잖아. 그런데 처벌하지 않는 이유는 법이 아무 생각 없이 만들어진 게 아니라 깊은 고민이 담겨 있기 때문이야.

현우 아, 맞아. 자유의지에 따른 자기행동에 대해서만 비난할 수 있다는 것이 법의 기본 사고방식이라고 했어.

다솜 그러면 처벌하지 말자는 거야?

민주 그럴 리가. 여러 가지 방법이 있어. 그동안의 법적 기본 관점을 포기하고, 자유의지에 따르지 않은 경우에도 결과만 나타나면 처벌하는 것으로 태도를 바꿀 수 있지. 아니면 현재의 가치를 존중해서 처벌하지 않는 태도를 유지할 수도 있어. 제3의 방도를 찾을 수도 있지. 중요한 건 법이 가진 기본 태도를 고민하면서 논의해야 한다는 거야. 그동안 널리 받아들여진 가치관을 반영한 것이거나 역사적 경험에 대한 반성에서 발달된 태도일 테니까. 생각의 정리 없이 때마다 이런저런 태도를 법에 마구 담아내는 건 좋은 방식은 아닐 거야.

수호 그런데 있잖아. 옛날에는 동물을 대상으로 재판이 열린 적도 있대. 조선시대 태종이 일왕에게 선물로 받은 코끼리가 대표적인 사례야. 그 코끼리가 관리를 밟아 죽였거든. 당시 코끼리가 영물이고 일왕의 선물이었다는 이유로 큰 벌을 받지는 않고 귀양을 보냈대. 그러니까 내 말은 동물에게 권리가 주어진다면 책임도 인정되어야 하지 않는가 하는 의문이 든다는 거야.

다솜 흠…….

수호 그리고 동물의 권리가 어떻게 행사될 수 있지? 우리는 미성년자니까 법정대리인을 세울 수 있고, 동물도 반려가족이 법정대리인의 역할을 하는 식으로 권리를 대리 행사할 수 있을 거야. 하지만 우리는 성인이 되면 권리를 스스로 행사할 수 있는데, 동물은 태어나서 죽을 때까지 누군가가 대리해 줘야 하잖아. 권리주체성을 인정하는 게 불가능에 가깝지 않아?

다솜 다르게 생각해 볼 수도 있어. 우리 법에서 법인을 하나의 권리주체로 인정하고 있잖아. 회사는 영리성을 추구하는 사단법인이니까 회사를 떠올리면 쉽게 이해할 수 있을 거야. 법인은 설립부터 소멸까지 스스로 아무런 권리를 행사할 수 없어. 법인은 기관을 통해서 활동할 수 있거든. 대표이사가 회사를 대표하고 사원들이 각자의 자리에서 업무를 수행하니까 법인이 작동하는 거야. 또 법인이 완전한 책임을 지지도 않아. 예를 들어 법인의 형사책임은 예외적인 경우에만 인정되는데, 그마저도 논란의 여지가 많아. 원칙적으로 법인의 잘못은 그것을 실제 수행한 사람이 지는 것이지. 그러니 완전히 권리와 의무를 부담하는지가 아주 중요한 건 아닐 수 있어.

수호 그렇지만 법인이 왜 권리의 주체가 되는지를 생각해 보면, 법인의 배후에 법인을 만든 사람들이 있어서 아냐? 인간의 권리 보호를 위해 법인도 권리를 갖도록 설정된 거라고 봐야 맞을 것 같아.

현우 과연 그럴까? 구성원들과 독립된 존재로 파악되지 않고도 법인이 기본권 주체라는 구성이 가능할까? 예를 들어 재단법인은 법인 설립을 위해 내놓은 돈에다가 권리를 준 것이거든. 그게 사람이랑 무슨 상관이 있지? 회사는 사람들이 모여 만드는 거니까 수호 네 말이 맞을 수 있는데, 재단법인은 그렇지 않잖아.

다솜 이 모든 문제는 법이 주체와 객체라는 두 가지 틀로 구성되어 있기 때문이라고 봐. 그러면서 동물은 권리의 객체로 내몰리게 된 것이지.

수호 맞아. 중요한 지적을 했어. 그렇기 때문에 동물은 주체가 아닌 객체가 되었지. 물건과 마찬가지야. 사실 권리란 사람 사이의 관계를 이해해야 인정될 수 있는 것이라고 생각해. 공동체에서 구성원 각자를 자유롭고 책임질 줄 아는 사람으로 받아들이지 않고서는 권리를 상상할 수 없잖아. 그런데 동물은 우리와 그런 관계에 있지 않아. 고유한 언어가 있고 없고를 떠나서 동물이랑 우리랑 의사소통이 안 되니까. 그럴 때 내가 동물을 권리주체로 인정한다고 해서 동물도 인간을 대등한 차원에서 권리주체로 인정할 수 있을까?

다솜 그래서 동물을 물건 취급하겠다는 거야? 방금 이야기한 법인처럼 부분적인 권리를 인정할 수도 있잖아.

수호 그건 생각해 볼 수 있겠지만 동물이 물건과 같은 지위에 놓인다는 게 동물을 물건으로 취급하는 것과 같을까? 그저 그렇게 구성하는 편이 더 적합했기 때문은 아닐까? 방금까지 이야기했듯이 동물은 태어나서 죽을 때까지 누군가 대신 권리를 행사해 줘야 해. 또 서로를 권리주체로 인정하는 상호적인 관계에 들어오지 않은 상태에서 우리가 권리를 인정한다는 것은, 결국 동물과의 관계에서 인간의 도덕적 우월함을 보여 주는 게 아닐까?

다솜 그렇지 않아. 동물은 독자적인 권리주체로서의 가치가 있고, 불완전하게나마 권리를 갖는다고 보는 게 타당해. 동물은 우리와 함께 지구에 공존하는 하나의 생명체로서 이미 가족과 같은 관계를 인간과 맺고 있잖아. 실질에 있어서 인간이 동물에게 우월적 지위를 갖게 되고, 또 배려해 주는 구조가 되는 것과 별개로, 동물이 스스로 권리를 갖는다는 점을 인간이 부정해서는 안 돼.

그게 최선입니까?

논점 3: 헌법 개정의 이유

민주 아무튼 그래서 헌법을 개정하자는 이야기가 나오고 있단 말이지. 동물에게 권리를 인정하려면 헌법 개정이 꼭 필요한 것일까? 대통령 탄핵 이후에도 말이 많았잖아. 제왕적 대통령제를 인정해서 대통령이 나쁜 짓을 한 것이니 이참에 헌법을 고치자고 주장하는 사람이 있는가 하면, 헌법이 아니라 법률 등 하위법이나 권력이 작동하는 우리 고유의 구조가 문제라는 식으로 이야기하는 사람들도 있었어.

다솜 응, 그렇지. 헌법은 추상적으로 규정한 경우가 많아서, 입법을 통한 구체화가 결정적인 측면도 있으니까. 오히려 헌법 규정을 조금 다르게 이해하면 대통령 혼자서는 할 수 있는 게 아무것도 없어. 툭하면 국회의 동의를 받아야 하고, 국무위원의 도움 없이 할 수 없는 것도 많거든. 그런데 그게 실제로는 작동하지 않았지.

현우 그렇다면 헌법의 개정이 필요한 때를 어떤 조건이 갖춰졌을 때라고 봐야 할까? 개헌을 성급하게 주장하는 것도 문제이지만 개헌에 신중하자는 입장도 악용될 수 있다는 점에서 나는 이 질문이 중요하다고 생각해. 헌법 그 자체에 큰 결함이 없다고 판단할 기준이 확고하지 않으면, 개헌 신중론이 문제 해결을 방해하기 위해 악용될 수 있으니까. 또 경우에 따라서 헌법 자체가 결정적인 원인은 아니지만, 헌법의 개정이 문제 해결에 어느 정도 도움을 주는 것도 가능할 것 같아.

수호 그것도 맞는 말이다. 사람들의 이해관계에 따라서 개헌을 주장해서는 안 될 테니까, 어느 정도 객관적인 기준이 필요하겠어.

민주 책을 보니까 해석이 막히는 지점에서 개정을 해야 한다던데.

수호 이해가 잘 안 가.

민주 지난번 토론에서 나왔던 헌법을 해석하는 여러 방법이 있잖아. 문리해석, 체계적 해석, 역사적 해석, 객관적-목적론적 해석 말이야. 그 방법을 모두 동원해서 해석을 해 봐도 해결이 안 되면 그때 개정이 필요한 거래.

수호 아하! 내가 예를 들어볼게. 헌법 제10조의 '인간의 존엄'을 동물까지 포함하는 의미로 '생명의 존엄'이라고 파악하는 건 곤란할 거야. 그렇다면 이 문제를 해석으로 해결하기 어려우니까 결국 개정이 필요하다는 뜻이지?

민주 맞아. 하지만 '인간의 존엄'을 '생명의 존엄'으로 해석하는 것도 가능하다고 생각해. 그렇다면 이건 개정이 굳이 필요하지 않겠지.

현우 아니. 그렇지 않아. 민주 말에 기본적으로는 동의하지만, 지금 수호랑 민주가 해석을 다르게 하고 있잖아. 이럴 때 개정을 통해서 둘의 다툼을 분명하게 정리해 주는 게 의미 있을 수 있어.

수호 간단하지 않구나. 각자의 가치관이 어떻게 반영되는지에 따라서 해석의 범위가 달리 설정될 수 있으니 말이야. 게다가 때로는 법조문에 규정된 것과 반대로 해석을 감행하는 경우도 있다고 들었어. '법문에 반하는 해석'까지 받아들인다면, 해석은 끝없이 확장될지도 몰라.

현우 그런 것 같아. 개정을 거쳐서 실정법의 문언을 바꾼다고 하더라도 헌법재판소나 법원에서 다시 해석되고 말 거야. 그렇다면 다시 해석을 어떻게 하느냐의 문제로 환원되어 버리겠지.

민주 아무튼 동물을 기본권의 주체로 만들 수 있는지가 관건인데, 난 가능하다고 생각해. 헌법의 규정을 잘 살펴보면 권리의 주체는 '국민'으로 되어 있잖아. 헌법재판소나 법원은 여기에다가 해석을 통해서 법인의 기본권, 외국인의 기본권을 인정하고 있어. 제한적이긴 하지만 그것을 동물에게 확대하는 것도 충분히 가능하다고 봐. 그럼 개헌이 꼭 필요한 것은 아니겠지.

현우 나는 그 점에 대해서는 반대야. 물론 법인에게 독자적인 기본권을 인정할 수 있다고 봐. 법인과 관련된 사람들을 보호할 필요가 있으니까. 그래도 '국민'을 '동물'로 보는 건 지나치다고 생각해. 법인처럼 기본권의 주체로 인정해야 할 실제적인 필요성이 동물에게는 인정되지 않는 것 같고. 내가 강아지랑 거래를 하지는 않잖아?

민주 그렇지 않을걸? 지금도 반려동물에게 재산을 상속하고 싶어 하는 사람이 있어.

현우 헐. 반려동물에게 유산을 주고 싶어 한다고?

민주 2007년에 미국의 부동산 부호인 리오나 헴슬리가 사망하면서 남긴 유언장이 그런 태도를 반영한 것이라고 봐. 그녀는 유언장에 자신의 반려견을 위한 기금으로 1,200만 달러를 남긴다고 썼어. 동생에게는 1,000만 달러를 주는 대신 리오나 헴슬리의 반려견을 돌보라는 조건을 붙였고. 강아지에게 상속을 할 수는 없으니 돌봐 줄 사람으로 동생을 지목한 거겠지. 이런 재산상의 문제를 말끔히 해결하기 위해서는 동물을 권리의 주체로 인정할 필요가 있어.

수호 권리의 문제는 어려운 점이 많구나. 그러지 말고 헌법 제35조가 정하는 환경권을 해석해서 문제를 해결하면 어떨까? '환경'에 '동물'이 포함된다고 보는 방법은 거부감이 덜할 것 같아.

:: 대한민국 헌법

제35조 ①모든 국민은 건강하고 쾌적한 환경에서 생활할 권리를 가지며, 국가와 국민은 환경보전을 위하여 노력하여야 한다.
②환경권의 내용과 행사에 관하여는 법률로 정한다.

민주 그래, 그 방법이 낫겠어. 동물의 권리주체성이 이렇게나 반발이 심하다면 '환경'에 '동물'이 포함된다고 보는 것도 한 방법일 거야.

현우 환경에 어떻게 동물이 포함되니? 독일에서 동물보호조항이 새로 생긴 이유도 '환경'에 '동물'이 포함된다고 보기 힘들어서였어. 마치 '사람'을 살해했다고 전체 '인류'에 대한 범죄까지 되지 않듯이, 개별 '동물'에 대한 학대가 전체 '환경'에 대한 파괴로 인정되기는 어려워. 이건 우리 헌법을 해석할 때에도 마찬가지로 생기는 어려움이야.

다솜 그렇긴 하네. 동물의 한 종에 대한 침해로 생태계 교란이라도 일어나야 '환경의 한 부분으로서 동물'에 대한 침해가 있다고 볼 수 있을 것 같아.

민주 아, 쉽지 않네. 그렇다면 이런 방법은 어떨까? 기본권을 제한하는 사유인 '공익'에 '동물보호'도 포함된다고 보는 거야.

:: **대한민국 헌법**

제37조 ②국민의 모든 자유와 권리는 국가안전보장·질서유지 또는 공공복리를 위하여 필요한 경우에 한하여 법률로써 제한할 수 있으며, 제한하는 경우에도 자유와 권리의 본질적인 내용을 침해할 수 없다.

다솜 아하! 국민의 자유와 권리가 때로는 공공복리를 이유로 제한될 수 있으니까, 동물을 보호하는 것이 공공복리에 이바지한다고 이해해 보자는 말이구나. 아마도 동물에 대한 학대가 기본권 행사와 관련되는 면이 있을 거야. 참 괜찮은 생각이다.

민주 맞아. 도로에서 아무 이유 없이 길고양이를 학대한다면 일반적 행동자유권이 공공복리를 이유로 제한되는 경우일 테고, 공장식 축산은 축산업자의 직업수행의 자유가 공공복리를 이유로 제한되는 경우가 될 거야.

수호 잠깐. 두 가지 문제가 있는 것 같은데? 첫째로, 공장식 축산은 이해가 가면서도 약간 부족한 느낌이 들어. 동물 학대가 축산동물의 면역력 저하로 이어져서 구제역이나 조류 독감 등 방역에 대한 비상으로 이어질 수 있으니까 국민 건강을 공익이라고 할 수 있을 거야. 근데 그게 다솜이나 민주가 이야기하려는 취지에 맞니? 인간의 이익을 위해서 동물을 보호하겠다는 거잖아.

민주 그야 그렇지…….

수호 둘째로, 공익이라는 개념이 인간의 이익을 담아낼 수밖에 없다면 길고양이 학대가 어떻게 공익 침해로 이어지는지도 의문이야.

민주 그건 인간의 생명 존중 사상에 반대되기 때문이야.

수호 약간 막연하지만 그렇다고 하고, 또 한 가지 의문이 있어. 동물 실험은 많이 할수록 공익에 이바지하는 것 아니야?

민주 그 역시 정말 필요한 경우에만 허용이 되어야겠지. 그렇지 않은 경우는 생명 경시 풍조가 인간에게 미치는 악영향을 문제 삼을 수 있을 거야.

현우 민주 말이 맞는 것 같으면서도 여전히 논란의 여지가 있어 보여. 그렇게 해석해도 되는 것일까? 역시 개정이 필요하겠어.

다솜 그런데 개정을 할 때에는 또 한 가지 조심해야 할 점이 있는 것 같아.

민주 그게 뭘까?

다솜 우리 사회가 기존의 법에 대한 반성을 담아내고자 하는지가 중요해 보여. 예를 들어서 동물보호법에서 동물 학대를 처벌한다고 규정하고 있음에도 동물 학대가 문제되는 이유는 동물보호법이 동물보호에 대한 사회적 합의를 바탕으로 제정되지 않았기 때문일 수 있어. 선진국처럼 보이고 싶은 욕심에 정치권에서 갑자기 뚝딱 만들어 낸 법이거든. 결국 그 내용이 선진국에 비해 크게 뒤지지 않음에도 현실과는 거리가 멀어질 수밖에 없었지.

현우 다솜이 말도 맞아. 그런데 보충해서 할 말이 있어. 사회의 합의를 완전히 얻어 내지 못한 내용을 실정법에 규정한다면, 그것은 무의미한 것인지에 대해 생각해 봤으면 해. 무슨 말이냐면, 어떻게든 개정안에 넣어야 한다고 나온 내용은 누군가에 의해서 주장된 것이거든. 그들이 아무리 소수의 지위에 있다고 하더라도 말이야. 그런데 우리가 다른 사람에게 권리를 인정해 온 역사가 억압이나 불합리로부터 하나씩 극복해 온 결과잖아. 노동자의 권리, 여성의 권리 같은 것들이 사회 전체의 합의를 얻어야만 했다면, 우리 헌법에 들어올 수 있었을까? 새로 논의되는 아동의 권리, 난민의 권리 그리고 동물의 권리도 마찬가지로 받아들여야 해.

수호 동물권에 대해 조사하고 토론도 해 보니 앞으로도 계속 이야기를 해야겠다는 생각이 들어. 어찌 보면 전혀 새롭지 않은 문제 같은데도 정리해야 할 부분이 많이 있잖아. 너무 강하게 동물권을 주장만 하는 사람도, 동물의 고통을 너무 쉽게 외면하는 사람도 모두 건설적인 입장으로 나아갈 필요가 있어. 조사를 하다 보니까 요새는 인공지능 로봇의 권리에 대한 이야기도 나오고 있더라. '동물권'도 '로봇권'도 인간이 아니지만 권리주체로 여겨지는 존재인 '비인간 인격체'에 대한 논의라는 점에서 함께 고민하면 재미있을 거야. 법이 가지고 있는 고유의 논리를 존중하면서 새로운 해석을 이끌어 내도록 노력해 보자!

- 우리 헌법은 동물보호를 아직 명문으로 인정하고 있지 않다. 하지만 독일이나 스위스에서는 동물보호조항을 헌법에 명시하고 있다. 최근에는 개헌론이나 각종 공약을 통해서 헌법에 동물권 조항을 신설하자는 논의가 진행되고 있으며, 법학계나 법조 실무계에서도 동물보호에 관심을 보이고 있다.

- 이러한 논의는 동물을 보호하겠다는 강한 의지가 표현된 것인데, 그 근거에 대해서는 여러 주장이 있다. 서구의 동물관을 보면, 기독교 성경에서 동물을 지배하라고 한 것에 기반해 인간중심적 사고가 팽배해 왔다. 그러나 르네상스 이후로 인도주의적 사고가 인간을 넘어 동물에게까지 점점 영향을 끼치기 시작했다.

- 현대에 와서는 공리주의적 입장에 선, 오스트리아 출신 철학자 피터 싱어의 주장이 영향력을 끼치기 시작한다. 싱어는 인간의 도덕적 관심에 동물을 포함해야 한다고 주장했는데, 동물도 지각능력이 있는 이상 공리주의의 쾌락 극대화라는 관점에서 배제되어서는 안 되기 때문이다. 그 밖에 미국의 톰 리건 등을 통해서 전개된 권리주의적 입장은 동물도 인간과 마찬가지로 본질적인 가치를 갖는 존재라고 보면서 동물에 대한 인간의 직접적인 의무를 주장한다. 또 동물복지론은 인간과 동물이 갖는 자연적인 관계를 인정하면서도, 동물의 고통을 최소화하려는 시도로서 등장한다.

- 동물을 보호하는 이유로 학대가 인간의 감정에 미치는 악영향을 드는 등, 인간중심적으로 재구성된 견해도 존재한다.

- 철학적 논의와 별개로 법학적 관점에서 동물이 권리주체가 될 수 있는지의 문제가 여전히 남는다. 법 자체가 말하는 방식, 다시 말해 법을 뒷받침하는 사상과 논리 구조가 있기 때문이다. 따라서 동물권을 받아들이는 전제에 서더라도, 헌법적 차원에서의 동물권 문제는 헌법이 갖는 고유의 맥락 위에서 독자적인 논리 구성으로서 해결해야 할

문제이다.

◦ 법학에서 동물을 권리의 객체, 즉 물건으로 보는 것은 동물을 하대해서라기보다는 객체에게 적용되는 규정을 동물에게 적용하는 것이 사리에 합당하기 때문이다. 또한 권리의 주체가 된다는 것은 상호관계를 전제로 함에도 동물과 인간이 대등한 상호관계일 수 없다는 이론적 난점이 있다. 다만 불완전한 권리를 인간이 아닌 것에 인정하는 경우가 있었으며, 그 예로 법인을 들 수 있다. 그러나 법인을 권리주체로 인정하는 이유가 법인과 관련된 인간을 보호하기 위한 것이라면, 곧바로 동물에게 확대하기 어려워진다.

◦ 현행 헌법에서 동물의 권리를 인정하는 것은 어려움이 있고, 현행법이 규정한 '국민'이나 '환경'에 동물을 포함하는 것도 난점이 있다. 조금 더 받아들여질 만한 것으로는 기본권 제한 사유로서의 '공공복리'에 동물보호적 관점을 반영하는 것이다. 다만 이 경우 본래의 동물권 논의와는 맥이 달라질 수 있다. 헌법에 동물이 본격적으로 등장하지 않는 상황에서 공공복리의 해석은 동물 자체가 아닌 인간의 이익 차원에서 해석될 것이기 때문이다.

꿈꾸는 나비들을 위한 헌법 토론

헌법은 국가의 기본질서를 세우는 법입니다. 국민으로부터 나온 권력을 국회, 정부, 법원에 골고루 나누는 것도 헌법에서 규정하고 있습니다. 또 헌법은 국가기관이 우리의 기본권을 존중하고 보장할 수 있도록 각 기관의 기능과 역할뿐만 아니라 우리의 자유와 권리에 관한 기본적인 내용에 대해서도 규정하고 있습니다. 그렇기 때문에 헌법은 우리의 삶에서 떼려야 뗄 수 없지요.

많은 청소년이 일상에서 직접 경험하고 고민하는 일들이 헌법과 구체적으로 어떻게 관련되는지는 각 장의 논의를 통해 알 수 있었을 것입니다. 1장에서 보았듯이 청소년의 스마트폰에 유해 매체 차단 앱을 의무적으로 설치하도록 하는 법적 조치는 헌법상 기본권인 사생활의 비밀과 자유, 개인정보 자기결정권과 밀접한 관련이 있습니다. 2장에서 보았던 청소년의 선거 연령 문제 역시 참정권이라는 기본권과 더불어 민주주의라는 국가 질서와 관련되어 있지요. 이어서 다루었던 여성 인권, 군 폭력, 기본소득, 이주민, 헌법재판, 동물권과 같은 주제 역시 헌법적 문제를 담고 있습니다.

이 책에서는 단순한 지식의 대상으로서 헌법을 배우는 것을 넘어서서, 또래들과 함께 나누는 토론을 통해 일상의 삶과 관련된 지혜로서 헌법의 문제에 접근했습니다. 지금까지는 교과서를 통해 헌법은 이러저러한 내용을 담고 있다는 지식 정보 차원의 설명을 많이 들었을 것입니다. 토론이라는 방식으로 헌법을 접하는 것이 생소했을 거고요. 그러나 현실의 문제는 '헌법에 이렇게 정해져 있으니까' 곧바로 이래야 한다거나 저래야 한다고 간단히 답을 얻을 수 있는 것이 아닙니다. 그에 대한 답은 마치 문제집 뒤편에 수록된 해답처럼 모범 답안의 형태로 정해져 있는 것이 아니니까요. 그 답은 모두가 함께 토론하며 만들어 나가야 합니다. 각자가 추구하는 다양한 의견을 존중하면서 영향을 주고받아 마침내 하나의 결을 이루어 앞으로 나아가는 것이기도 하지요.

헌법 자체가 그러한 과정의 결과물입니다. 헌법은 주권자인 국민이 서로를 존중하고 더 나은 목표를 추구하는 과정에서 만들어졌습니다. 과거의 반성에서 선언되고, 현재의 문제와 맞닥뜨리며 미래를 향해 발전하고 있지요. 그 변화의 중심에 우리 모두가 서 있습니다. 그러니 우리는 선언된 헌법 문서에서 토론이 멈추지 않도록, 우리의 상상이 현실이 되도록 노력해 나가야 합니다.

우리의 여정은 트리나 포울러스의 〈꽃들에게 희망을〉이라는 동화를 떠오르게 합니다. 이야기 속에서 수많은 애벌레는 구름에 가려진 꼭대기에 오르려고 끊임없이 서로를 밀치며 밟고 올라섭니다. 하지만 어느 줄무늬 애벌레는 다른 생각을 갖지요. 무리 속 다른 애벌레와 계속 올라가야 하는지에 대해 짧은 토론을 벌입니다. 줄무늬 애벌레의 깨달음은 저 높은 꼭대기를 포기하는 것이 아닙니다. 꼭대기에 오르기 위해서는 그저 부지런히 기어 올라가는 것이 아니라 날아가야 한다는 것입니다. 내 안의 나비를 발견한 애벌레만이 그 말을 이해할 수 있지요. 이윽고 점차 많은 애벌레가 나비로 다시 태어나고, 꽃이 피고, 세상은 아름다워집니다. 이제는 더 높은 곳에 자유를 누릴 수 있습니다. 이후에는 더 중요한 일들을 찾아 모험을 떠나겠지요?

독자 여러분 역시 독서와 토론의 여정에서 스스로 새로운 문제를 찾아내고 해결하는 능력을 갖게 되길 바랍니다. 여러분 속에 숨겨진 나비가 언젠가 날개를 활짝 펴리라 믿고, 헌법 토론 동아리 '나비'와 함께 응원하겠습니다.

개인정보 자기결정권 나에 대한 정보를 누구에게 어느 정도로 공개하고 유통시킬지 스스로 결정하는 권리. 정보화 사회에서 단순한 정보 대상으로 전락하지 않도록 하기 위해 인정되었다. 현행 헌법에서는 명문의 규정이 없어 해석상 인정된다.

고용허가제 국가가 허용하는 직종에서 사업주가 외국인을 고용할 수 있는 제도. 인력난을 해소하고 외국인 인력을 사전에 관리하기 위해 시행되고 있다. 취업 비자를 발급받은 외국인은 국내 노동자와 동등한 대우를 받도록 하고 있으나 계약 기간 제한, 사업장 이동 금지, 가족 동반 금지 등의 차별이 존재한다.

관습헌법 관습법적으로 인정되는 헌법이다. 관습법으로 인정되기 위해서는 오랜 관행이 국민들 사이에서 법적인 지위를 인정받아야 한다. 현실적으로는 재판으로 관습법이 확인되기 때문에, 입법 권한이 없는 법관을 통한 입법이 될 수밖에 없다. 헌법재판소가 수도 서울을 관습헌법으로 인정한 것도 같은 이유로 비판을 받았다.

권리주체성 권리의 대상이 아니라 권리를 가지는 지위를 말한다. 사람이 권리의 주체이고 그 밖의 것은 권리의 객체로 다뤄진다. 다만 법인처럼 사람이 아니면서도 권리주체로 다뤄지는 경우가 있다.

기본소득 국가가 국민의 최소한의 인간다운 생활을 보장하기 위해 소득 수준이나 근로 여부와 상관없이 무조건 지급하는 소득. 북유럽 국가에서는 복지비용을 감소시키기 위한 대안으로, 아프리카나 남미 국가에서는 최소한의 인간다운 생활 보장을 위한 대안으로 제시된다. 인간 노동을 대체하는 미래 인공지능의 시대를 대비하는 맥락에서도 논의된다.

난민법 난민 인정 절차와 사회권 보장 등에 관한 법률. 우리나라는 1992년 난민협약에 가입 후 출입국관리법에서 난민의 지위와 처우에 관한 사항을 규율해 오다가 2012년에 아시아에서 최초로 독립된 난민법을 제정했다.

난민 지위에 관한 협약 1951년에 유엔에서 2차 대전 이후 난민 문제를 해결하기 위해 채택한 협약으로 난민의 정의와 강제송환금지 원칙 및 난민의 권리를 명시하고 있다. 1967년에 '난민 지위에 관한 의정서' 등으로 구체화되었으며 우리나라를 포함해 각국의 난민법의 국제법적 기초이다.

남녀동수법 2000년에 프랑스에서 선거법 개정으로 각 정당이 선거에서 같은 수의 남녀를 공천하도록 규정한 것을 말한다. 일명 '파리테법(Loi sur la parité)'으로 불린다. 1980년대부터 시작된 남녀동수운동의 결과 맺은 결실이지만, 지나친 여성 우대 정책으로 오히려 남성들이 피해를 볼 것이라는 반대 입장도 있다.

대의제 민주주의 국민이 자신의 의사를 대표할 사람을 뽑아 국가의 기관을 구성하게 하고, 기관은 국민의 의사를 대신해 국민을 위해 결정하는 정치 형태이다.

데미니 투표 선거권을 갖지 못하는 미성년자의 선거권을 부모가 대신 행사할 수 있게 허용하는 것으로, 인구학자 폴 데미니(Paul Demeny)가 주장했다.

모자보건법 모성의 생명과 건강을 보호하고 건전한 자녀의 출산과 양육을 도모함으로써 국민의 보건 향상에 기여하게 함을 목적으로 제정된 법률이다. 원칙적으로 금지되는 인공임신중절수술이 허용되는 예외적인 경우를 규정한다.

법문에 반하는 해석 명문의 규정에 정해진 것과 다르게 판단하는 해석 방식이다. 입법자의 의사와 독립된다는 점에서 법원이 독주할 위험이 있지만, 때로는 입법자의 자의에 맞서 올바른 판단을 하는 장치로 기능한다.

병역의 의무 병역 제공 의무를 뜻한다. 헌법 제39조가 정하고 있는 국방의 의무는 국방에 필요한 모든 의무를 뜻하므로 병역의 의무는 국방의 의무의 한 내용이다.

보편적 복지 부나 소득에 상관없이 누구에게나 같은 수준으로 제공되는 복지를 말한다. 무상급식이나 반값 등록금을 예로 들 수 있다. 복지제도가 사회적 약자뿐만 아니라 국민 누구에게나 제공된다는 점은 강점이지만, 전체 비용이 늘어난다는 점에서 효율성이 낮다고 평가된다.

보호자의 교육권 보호자에게는 양육권으로서 교육권이 인정된다. 학교 안에서의 교육에 대해 보호자의 교육권은 협력 관계에 있지만, 학교 밖에서는 보호자의 교육권이 우선한다.

비례성 원칙 목적과 수단 사이에 균형이 유지되어야 한다는 원칙. 헌법 제37조 제2항에서 기본권 제한이 필요한 경우에만 가능하다고 정한 것이 이 원칙을 나타낸다. 기본권 침해를 통해 달성하려는 목적의 정당성, 수단의 적합성과 침해 최소성, 사익을 침해해서 달성하려는 공익이 사익보다 클 것을 구체적으로 요구한다.

산업연수생제도 저개발국가 외국인에게 선진기술을 이전한다는 목적으로 시행된 제도이다. 그렇지만 연수 제공 업체는 대부분 국내 3D 업종에 국한되었다. 또 연수생들은 극심한 인권침해를 당하고 근무지를 이탈해 불법체류자로 전락하는 문제가 증가했다. 이 문제를 해결하고자 2004년부터 국가 간의 개입을 인정하는 고용허가제가 시행되었다.

선별적 복지 보편적 복지와는 반대로 소득 수준에 따라 차등 적용되는 복지제도이다. 기초생활수급제도 및 임대주택제도 등을 예로 들 수 있다. 능력과 필요를 감안해 제공한다는 점에서 효율성은 높지만 복지 대상을 아동, 노인 등으로 한정하기 때문에 복지 사각지대가 발생할 수 있다. 복지 대상을 선별하고 집행하는 과정에서 드는 비용도 문제로 지적된다.

시민적 및 정치적 권리에 관한 국제규약 1948년에 세계인권선언이 채택된 이후 도덕적 선언에만 그치는 것이 아니라 실질적인 법적 구속력을 갖는 국제인권법을 마련하기 위해, '경제적·사회적·문화적 권리에 관한 국제규약'(A규약)과 함께 1966년 12월에 유엔총회에서 채택되고 1976년에 발효되었다. B규약 또는 자유권 규약이라고도 부른다.

아동의 권리에 관한 협약 1989년에 유엔총회에서 채택된 아동의 권리에 대한 국제 협약이다. 전문과 54개의 조항은 18세 미만의 아동의 경제적·사회적 및 문화적 권리와 시민적·정치적 권리를 규정하고 있으며, 우리나라는 1991년에 비준했다.

여성할당제 여성 진출이 활발하지 않은 분야에서 일정 비율만을 여성에게 할당하는 제도를 말한다. 남녀동수법보다는 소극적 제도이다.

위헌법률 심판 재판에서 전제가 된 법률이 헌법에 위반된다는 의심이 있을 때 위헌 여부를 결정하는 헌법재판이다. 그 밖에 헌법재판에는 고위 공직자를 파면하는 탄핵 심판, 정당의 목적과 활동이 민주적 기본질서에 위반되는 경우 해산시키는 위헌정당해산 심판, 국가기관, 지방자치단체 각각 또는 상호 간에 발생한 권한 분쟁을 결정하는 권한쟁의 심판, 공권력으로 인해 국민의 기본권이 침해된 경우 위헌여부를 판단하는 헌법소원 심판이 있다.

인간 존엄 제2차 세계대전 이후 많은 국가들이 헌법에 명시하고 있는 규정으로, 인간이 인간 이하로 전락하는 것을 막겠다는 의지를 담고 있다. 우리 헌법은 제10조에서 정하고 있다. 선언적인 수준을 넘어서 구체적인 내용을 정치하게 제시해야 하는 과제가 남아 있다.

일반적 행동자유권 자기결정권과 같은 내용이라고 보면 된다. 헌법 제10조를 근거로 인정된다. 제17조가 사생활의 비밀과 자유를, 제37조 제1항이 열거되지 않은 권리를 보장하는 것과 중복되는 면이 있다. 그래서 이들의 관계를 어떻게 설정할지를 두고 여러 주장이 나타난다.

자기결정권 인격권이나 행복추구권을 바탕으로 개인의 사적인 영역에 대해 외부의 간섭 없이 결정할 수 있는 권리를 말한다. 여성의 자기결정권은 피임과 출산에 관해 여성 스스로가 결정할 수 있는 것을 말한다.

정치의 사법화 정치적 장에서 대의기관과 시민사회의 활동으로 결정되어야 하는 문제가 법원의 판단으로 미뤄져 결정되는 것을 말한다. 입법 작용 등 정치적 활동에 의견 반영이 잘 되지 않는 소수자의 권리를 구제하기 위한 것일 수도 있지만, 이 현상이 강해질수록 민주주의가 후퇴하는 면이 있다.

후견주의 어떤 사람의 이익을 위해 그 사람의 의사에 반하여 자유를 제한하는 것. 청소년이나 심각한 정신장애자에 대해 후견주의가 허용된다는 점에는 그 누구도 부정하지 않는다. 또한 후견주의는 내가 다른 사람의 자유에 간섭하는 문제가 아니며, 나의 자율에 국가가 간섭하는 문제이다.

제1장

공현 외, 《인권, 교문을 넘다》, 한겨레출판, 2011.

몸문화연구소, 《내 몸을 찾습니다》, 양철북, 2011.

브렌던 재뉴어리, 《클릭! 비밀은 없다. 디지털 감시와 사생활 침해》, 이가영 옮김, 다른, 2016.

여성가족부, 《2016년 청소년 매체 이용 및 유해환경 실태조사》, 2016.

오세혁, 《법의 한계. 법철학 및 사회철학 입문》, 세창출판사, 2013.

정보통신정책연구원, 《가구 내 미디어 이용 지침 유무가 어린이 및 청소년의 미디어 이용행태에 미치는 영향 분석》, 2014.

쿠르트 젤만, 《법철학》, 윤재왕 옮김, 세창출판사, 2010.

〈스마트폰감시법 헌법소원청구서〉, 사단법인 오픈넷, 2016.

〈아빠의 감시 '판옵티콘' 된 스마트폰에 아이들 '탈옥' 시도 [프렌디의 딜레마] (1)감시와 보호 사이〉, 한국일보, 2016.10.13.

〈정부가 30억 투입한 '스마트보안관', 최악 보안 결함 '망신'에 서비스 중단…방통위 "다른 무료앱 보급 따른 조치"〉, 조선일보, 2015.11.2.

제2장

김지혜, 〈미성숙 전제와 청소년의 기본권 제한. 헌법재판소 선거 연령 사건과 셧다운제 사건을 중심으로〉, 《공법연구》 제43권 제1호, 한국공법학회, 2014, 111-130.

김효연, 《시민의 확장》, 스리체어스, 2017.

임정은, 《김치도 꽁치도 아닌 정치》, 다른, 2014.

〈청소년 선거권을 넘어 참정권으로의 여행, 그 시작. 18세 선거권 및 피선거권 갖기 운동〉,

18세 선거권 공동행동 네트워크, 2017.

제3장
다니엘 헤니/필립 코브체, 《기본소득, 자유와 정의가 만나다. 스위스 기본소득운동의
　　　논리와 실천》, 원성철 옮김, 오롯, 2016.
도미니크 슈나페르, 《노동의 종말에 반하여. 필리프 프티와의 대담》, 김교신 옮김, 동문선,
　　　2001.
제러미 리프킨, 《노동의 종말》, 이영호 옮김, 민음사, 2005.
제임스 퍼거슨, 《분배정치의 시대. 기본소득과 현금지급이라는 혁명적 실험》, 조문영
　　　옮김, 여문책, 2017.

제4장
김희수/송문호, 《병사들을 위한 군 인권법》, 진원사, 2009.
르네 지라르, 《나는 사탄이 번개처럼 떨어지는 것을 본다》, 김진식 옮김, 문학과지성사,
　　　2004.
홍성방, 《헌법학(상)》 제3판, 박영사, 2016.
국가인권위원회, 160108 결정(전원) 20131014 군복무 부적응병사 관련 정책권고.
국가인권위원회, 160125 익명결정문 151111_14직권0001300외8건(군부대 직권조사).
〈군 폭력 피해자는 강제전역, 가해자는 멀쩡〉, 뉴스타파, 2015.2.12.

제5장
권김현영 외, 《거리에 선 페미니즘. 여성 혐오를 멈추기 위한 8시간, 28800초의 기록》,
　　　궁리출판, 2016.
실비안느 아가젠스키, 《성의정치. 남녀동수의회 구성의 논리》, 유정애 옮김, 일신사,
　　　2004.
재키 베일리, 《낙태 금지해야 할까?》, 정여진 옮김, 내인생의책, 2013.
한국여성민우회, 《있잖아… 나, 낙태했어》, 다른, 2013.
Patricia Stephenson 외, 〈미국 공중보건 학회지〉, 1992.
〈핀란드, 기본소득 실험… 매달 71만 원 그냥 준다〉, 한겨레신문, 2017.1.3.

제6장

국가인권위원회,《이주 인권가이드라인》, 2012.

마이클 왈저,《정의와 다원적 평등. 정의의 영역들》, 정원섭 외 옮김, 철학과현실사, 1999.

민태은/오혜진,〈한국 다문화 정책의 입법현황〉,《다문화사회연구》제10권 제1호, 숙명여자대학교 다문화통합연구소, 2017, 97-125.

서윤호,〈분배적 정의와 정치적 성원권. 왈저의 논의를 중심으로〉,《강원법학》제42권, 강원대학교 비교법학연구소, 2014, 95-124.

서윤호,〈이주인권과 이주법제의 현실〉,《통일인문학》제57집, 건국대학교 인문학연구원, 2014, 221-257.

세일라 벤하비브,《타자의 권리. 외국인, 거류민 그리고 시민》, 이상훈 옮김, 철학과현실사, 2008.

최윤철,〈헌법적 관점에서 본 한국의 이주법제〉,《법학연구》제52집, 전북대학교 법학연구소, 2017, 31-56.

〈출입국·외국인정책 통계월보〉, 법무부 출입국·외국인 정책본부, 2018.3.

〈외국인범죄자 年 4만명 넘어…강력범 늘고 지능범 줄어〉, 헤럴드경제, 2017.8.21.

유엔난민기구 한국 홈페이지(www.unhcr.or.kr)

제7장

김종서,〈민주주의적 관점에서 본 헌법재판제도〉,《민주법학》제54호, 민주주의법학연구회, 2014, 317-367.

김현철,〈법적 추론에 대한 법이론적 고찰〉,《법과 사회》제30호, 법과사회이론학회, 2006, 95-115.

서윤호 외,《10대를 위한 생각하는 헌법》, 다른, 2014.

존 하트 일리,《민주주의와 법원의 위헌심사》, 전원열 옮김, 나남출판, 2006.

쿠르트 젤만,〈법치국가와 민주주의〉,《서울대 법학》제49권 제3호, 김준석 옮김, 서울대학교 법학연구소, 2008, 76-96.

제8장

김영환, 《법철학의 근본문제》 제3판, 홍문사, 2012.

김학성 외, 《기본권의 주체》, 헌법재판소, 2009.

박찬운, 〈동물보호와 동물복지론〉, 《인권법의 신동향》, 한울, 2012, 357-388.

임지봉, 《차별의 역사 속에서 발전한 법과 인권 이야기》, 책세상, 2014.

최희수, 〈헌법 안에서의 동물의 위치와 국가의 의무〉, 《환경법과 정책》 제19권, 강원대학교 비교법학연구소, 2017, 1-30.

중학교 사회 1

VIII. 문화의 이해
01. 문화의 의미와 특징
02. 문화를 이해하는 태도

IX. 정치 생활과 민주주의
01. 정치와 정치 생활
02. 민주주의의 이념과 민주 정치의
　　기본 원리

X. 정치 과정과 시민 참여
01. 정치 과정과 정치 주체
02. 선거의 이해

XI. 일상생활과 법
01. 법의 의미와 목적
02. 생활 영역에 따른 법의 분류
03. 재판의 이해

XII. 사회 변동과 사회 문제
01. 현대 사회의 변동
02. 한국 사회의 변동
03. 현대 사회 문제

중학교 사회 2

I. 인권과 헌법
01. 인권의 이해
02. 인권 침해와 구제 방법
03. 근로자의 권리와 노동권 침해의
　　구제

II. 헌법과 국가 기관
03. 법원과 헌법재판소의 역할

VI. 국제 사회와 국제 정치
02. 국제 사회의 모습과 공존을 위한
　　노력

VII. 인구 변화와 인구 문제
01. 인구 분포
02. 인구 이동
03. 인구 문제

10대를 위한
헌법 토론

초판 1쇄   2018년 7월 5일
개정판 1쇄   2021년 2월 26일
개정판 3쇄   2023년 1월 9일

지은이   서윤호, 오혜진, 최정호

펴낸이   김한청
기획편집   원경은 김지연 차언조 양희우 유자영 김병수 장주희
마케팅   최지애 현승원
디자인   이성아 박다애
운영   최원준 설채린

펴낸곳   도서출판 다른
출판등록   2004년 9월 2일 제2013-000194호
주소   서울시 마포구 양화로 64 서교제일빌딩 902호
전화   02-3143-6478 팩스 02-3143-6479   **이메일** khc15968@hanmail.net
블로그   blog.naver.com/darun_pub   **인스타그램** @darunpublishers

ISBN   979-11-5633-329-6 43360